U0747680

从零开始做销售

销售新手不可不知的
销售技巧

苗小刚◎著

中国纺织出版社有限公司

国家一级出版社
全国百佳图书出版单位

内 容 提 要

本书介绍的销售技巧，以快速提升一线销售人员的工作效率和实战能力为目的。全书共 6 章，可以总结为销售的 6 个层面，包括职业精神层面、销售知识层面、客户开发与维护层面、销售过程层面、破解拒绝层面、成交售后层面，旨在教读者掌握整个销售过程中应具备的各种技能。

图书在版编目（CIP）数据

从零开始做销售：销售新手不可不知的销售技巧 /
苗小刚著 . —北京：中国纺织出版社有限公司，
2019.12

 ISBN 978-7-5180-6829-6

 Ⅰ . ①从… Ⅱ . ①苗… Ⅲ . ①销售—方法 Ⅳ .
① F713.3

 中国版本图书馆 CIP 数据核字（2019）第 227681 号

策划编辑：陈　芳　　责任校对：王蕙莹　　责任印制：储志伟

中国纺织出版社有限公司出版发行
地址：北京市朝阳区百子湾东里 A407 号楼　邮政编码：100124
销售电话：010 － 67004422　传真：010 － 87155801
http: //www.c-textilep.com
中国纺织出版社天猫旗舰店
官方微博 http://weibo.com/2119887771
三河市宏盛印务有限公司印刷　各地新华书店经销
2019 年 12 月第 1 版第 1 次印刷
开本：710×1000　1/16　印张：13.5
字数：178 千字　定价：45.00 元

前　言

　　本书没有过多的理论介绍，本着实用的原则，结合实例，配以图表进行全面、深入的分析；案例实践性强，分析条理清晰，文字通俗易懂，方法拿来即用，旨在帮助一线销售人员快速掌握销售知识，学习销售技能，提升销售能力，在短时间内成长为一名合格的销售人员。

　　本书最大的特点就是具有全面性和实用性，特别适合销售新人，或者有一定销售经验但缺乏系统学习的人阅读。全书按照一个销售人员完成整个销售过程的逻辑行文，分别从6个层面入手，由浅到深，循序渐进地阐述，既符合事物的发展逻辑，又符合大多数人的阅读习惯。

　　这6个方面即本书的6章，分别为：

　　第1章：职业精神（包括端正销售心态、树立良好的销售形象、精通销售礼仪3个方面）；

　　第2章：销售常识（包括一个销售人员必须具备的市场知识、产品知识、销售目标、计划制订的能力）；

　　第3章：客户开发和维护（告诉读者如何开发客户、如何维护与客户的关系）；

　　第4章：销售技能（告诉读者如何提炼产品卖点、如何介绍产品技巧，与客户沟通将产品推销出去）；

　　第5章：破解拒绝（告诉读者客户为什么有拒绝心理，如何识破客户拒绝谎言）；

　　第6章：成交技能（告诉读者巧妙与客户沟通的技巧，轻松拿下订单，最终获得成交）。

苗小刚

2019 年 6 月

目 录

第1章

内外兼修：
内炼气质，外树形象

要想成为什么人，首先必须看起来像那样的人。作为销售新手，看起来一定要像销售人员。作为销售人员，需要同时具备两大条件，一是外在形象，二是内在气质。外要看上去专业、彬彬有礼，落落大方；内要折射出乐观、自信、富有激情的精神面貌，内外兼修，给人以可信任感。

1.1 强者心态，成功源于一种强大的心理

据调查，90%以上的销售新人过不了3个月的试用期，为什么？原因在于大部分人从心态上就没准备好，稍微遇到挫折和困难就退缩。如果你决定做一名销售人员，那么，就要有强大的心理，不要怕失败。

1.1.1 很多莫名的恐惧根源于不自信

自信，是一个人做成一件事情的重要前提之一，而很多销售新人正是缺乏自信。曾问过很多从事销售的新人，当被问到"你认为工作中最大的阻碍是什么"时，一半以上的人选择了一个答案——恐惧。

这个答案令我有些惊奇，原本以为是一些类似"缺乏产品知识""缺乏推销技巧"等专业性问题，没想到却是这么一个看似不是问题的问题。

为什么大家都给出了"恐惧"这一相同答案呢？面对客户为什么会有恐惧感？其实，背后深层的原因是不自信。很多人正是不自信才会有恐惧的感觉。

销售新人在面对陌生客户时难免会紧张、不安，心里担忧客户挂掉我电话怎么办？客户将我拒之门外怎么办？这些想法无形中给自己上了一道精神枷锁，还没上战场就败下阵来。而那些优秀的销售人员则恰恰相反，他们高度自信，即使偶尔会有些恐惧心理，也会在面对客户前进行自我调节。比如，不断暗示自己"我是最棒的""我能行"等，这些看似平常的话，却能鼓舞人心，使内心变得强大。

案例

乔·吉拉德，很多销售人员推崇的偶像，连续12年销量蝉联全球第一，平均每天销售6辆汽车。他成功的关键除了技巧之外，最主要的原因就是自信。下面这句话印证了这个结论，他曾说："我最大的秘诀是推销世界上最好的产品！"

内外兼修：内炼气质，外树形象

马丁·德·沙菲洛夫，美国金融界有名的股票经纪人，他的客户都是华尔街的高官、名人等，有了这些客户的积累，每年收入都高达数千万美元。如何说服这些富翁购买股票呢？其秘诀就在于他有岩石般坚定的信念，因为他始终相信"再成功的人也需要自己的帮助"。

乔·甘多尔佛，世界上最成功的保险销售员之一，在最辉煌那年，一年签保单超过10亿美元。据他自己讲述："我的成功来源于对产品的信心。"他始终相信自己的产品可以为客户带来利益。为了说服客户，他先给自己买了1000多万美元的保险，每与客户约定面谈他都会讲这件事情，很多客户听后也甘愿相信他的产品。

这些人正是拥有充分的自信，才取得如此大的成就。什么是自信？自信是人们形成的一种积极的自我认知。自信，是所有优秀销售人员必备的心理素质之一，有了自信，才有利于在推销中形成气场，拥有强大的感召力。尤其是在面对客户的质疑或戒心时，首先要相信自己，而且客户对我们越警惕、越质疑，越要表现得更加自信，让客户不由自主地受到感染。

那么，如何树立自信呢？最有效的方法是内外兼修，内从心态上，气质上，外从形象上，行为上，都要给人以积极、自信的印象。

1. 做足准备工作

在拜访客户前需要做足相应的准备工作。包括自身的，也包括对方的，进行合理的预判分析，以便做到胸有成竹，得心应手。

（1）对自身优、劣势对比分析

每个人都有自己的优势和劣势，如果你的关注点在自己的优势上，自信心就容易被激发出来。如果你总想着自己的缺点和失败，就会越来越没信心。拜访前，把自己的优势劣势列在纸上，然后对着这张纸仔细分析出这次推销中有哪些优势，并创造条件，把这些优势充分发挥出来。这对提升自信效果很好，有利于提高从事这项活动的成功率。

（2）给自己确定恰当的目标

目标是提升自信的最好方法之一，有了目标才有实现这个目标的动力。所以在拜访客户之前，有必要制定一个目标，哪怕这次拜访无法实现目标，也要设置一个阶段性的目标。比如，消除隔膜，建立初步的联系；进行摸底，确定客户的需求；等等，这些阶段性目标对最终目标的实现十分有利。

（3）对客户需求进行定位与分析

沟通都是围绕客户需求进行的，在拜访客户之前要对其需求有明确的定位和了解。因为，只有对客户的需求进行了解，才能做到高效谈话，收放自如。

比如，客户正在为工作效率低下犯愁，而你所提供的培训课程正好可以解决客户这一难题，那么这场沟通注定是高效的。任何谈话都是建立在充足的需求基础之上的，知道客户需求是什么，我们就提供什么，我们所要谈论的就是满足客户需求，当客户需求能从我们的谈话沟通中得到满足时，我们的自信自然就树立起来了。

2. 掌握调节心理的小技巧

在自信心的培养上，除了做足拜访前的工作外，其实还有很多小技巧，这些技巧不一定马上对你的自信心起作用，但从长远来讲绝对有好处，能对自信心的树立产生潜移默化的影响。具体可总结出 5 个小技巧。

（1）得体的着装

外在形象可提升自信心，一个着装整洁、仪表得体，举止洒脱，行为大方的人面对陌生人时也容易迸发出内心的自信。因此，销售人员一方面要注意自己的着装，另一方面要注意自己的言行举止。

（2）保持微笑

微笑，有股神奇的力量，可以感召自己，使自己内心保持乐观和自信，更能感染别人，给谈话的一方带来激情。微笑是自信心的一种表现，时刻保持微笑有助于自信心的提升。

（3）积极的心理暗示

遇到困难的时候要对自己说："我能行！""我很棒！""我能做得更好！"这是一种很重要的正面心理暗示，当你不断得到正面的心理暗示时，潜移默化中自信心就树立起来了。

（4）加快走路步伐

心理学家发现，走路的姿态、步伐可以改变一个人的心理状态。高度自信的人，走路都抬头挺胸，步伐急促有序，稳健有力。反观那些不自信的人，走路拖拖拉拉，看上去就缺乏自信。

（5）多与自信的人在一起

俗话说，"与下棋臭的人下棋，越下越臭，反之，则会使你棋艺提高"，所以说与什么样的人在一起很重要。销售人员应该经常与胸怀宽广、自信心强的人接触，这样你看到的都是自信的人，听到的都是积极的话，无形中自己也会受到感染，久而久之，你也会成为这样的人。反之，你若常和悲观失望的人在一起，也将会萎靡不振。

小 贴 士

自信是成功重要的前提和条件，自信是成功的发动机，一个人若没有自信，就等于没有前进的动力。很多事不是做不到，而是自己认为做不到，从而不会全力以赴去做，导致最终无法成功。

1.1.2 困难面前始终保持积极的心态

为什么很多人不愿意做销售？不是行业本身的原因，而是人自身的问题。我经常说，做销售很难，并不是每个人都能在这个领域立足，凡是能在销售岗位争取到一席之地的人，暂且不论是否取得伟大业绩，哪怕只是月入万元的普通推销员都是了不起的，令人敬佩的。

因为销售不同于其他行业，需要随时保持高涨的激情，哪怕遭张三的白眼，李四的痛斥，回过头来也得对王五笑，这种心理上的巨大落差对激情的保持是致命的摧残，很多新人都是倒在了这里，再也没站起来。

★ 案例

刚做销售时，我曾被客户的拒绝伤透脑筋，完全靠高昂的激情支撑下来。第一次拜访的客户是一家广告公司的大老板。当我见到他时，并没有自己想象的那样受到热情款待，而是一副冷冰冰的脸，当时我就起了退堂鼓。幸好，我很快调整心态改变了这个消极的想法，心想：不管怎样，已经见到了客户，何不多了解了解。于是开始自我介绍："您好，先生！冒昧地打扰一下，我是保险公司的××，我想您一定需要保险……"

还没等我把话讲完，对方就极不耐烦地打断了我："什么？来推销保险理财？我一没病二没受灾，想咒我呀？"

这番话让我就像掉进了冰窖里，浑身发冷。强忍内心的痛苦，我坚持说："请您听我把话讲完，我认为……"

"对不起，我对理财毫无兴趣！"

"既然这样，我下次再来吧！"

就这样，我绝望地离开了。

走出客户公司的大门，我心灰意冷，路过旁边的小公园时便坐在一张石凳上独自发呆，萌发出辞职之意。这时候我忽然听到"哎哟"一声，抬头一看，是两个正在溜冰场上玩耍的小孩，其中一个不停地摔倒，看样子是初次练习，可这个小孩毫无退缩之意，不断地爬起来，一瘸一拐地继续滑下去。

我走上前去，想扶他一把，谁知他连忙后退，摆摆小手说："谢谢，不用扶。"

"难道你不怕疼吗？"

小孩大声说："刚开始摔跤是必需的，我今天是第一天来滑冰，摔几跤很正常啊！爬起来就行了，以后熟练了就会少摔跤了。"

他的话令我茅塞顿开，从中悟出了一个道理：跌倒了，爬起来就是了！小朋友都懂这样的道理，难道我还比不上小孩子吗？推销就像练习溜冰，被拒绝了，不要轻易放弃！最重要的是要全身心投入其中。

第二天一早，我再次去拜访这位曾让我难堪的老板，见到我，对方马上皱起眉头："你怎么又来了？"

"我是专门来向您道歉的！昨天您那么忙我还来打搅，实在对不起！"

对方见我诚恳的样子，也没有再说什么刁难的话。

我接着说："先生，我今天来是有一个问题想向您请教。"

"请教倒不敢当，你想问什么？"

"如果贵公司的员工遇到困难就退缩，您还打算用他吗？"

对方一下子就听出了我的言外之意，问："你怎么看这个问题？"

"我认为任何事情都不能轻易放弃，就像您还没了解我的产品就断然拒绝一样。"

这时，他非常客气地请我坐下，慢慢地跟我探讨这个问题，我们在办公室里谈了很久，最后他爽快地决定购买一款。

这是我推销出去的第一套产品，也感到销售带来的快感。之后我总结，要想将产品顺利推销出去，必须有激情及全身心地投入。一个优秀的销售人员在任何时候都不能轻言放弃，唯一可做的是，用自己的诚意去感化客户，让对方意识到你的产品或服务带来的利益，只有这样才能赢得客户的信任。

积极的心态是工作的动力，没有好的心态，就不可能把工作做好，更不可能创造出卓越的业绩。那么，销售新人如何培养并保持自己的好心态呢？笔者认为，至少要思考以下5个问题，具体内容如下表所列，只有真正地搞清楚这5个问题，才能对销售工作有一个清晰的认识。

销售新人从事销售工作前要考虑的5个问题	
你对自己的工作有多热爱？	对销售工作的热爱程度，决定了工作动力、工作心态。只有从内心深处热爱自己的工作，才甘愿去付出，那些每天都在应付工作的人，无论如何也不会竭尽全力去做

续表

销售新人从事销售工作前要考虑的 5 个问题	
你把工作当差事还是事业？	工作，在不同的人看来意义不同，有的人把工作当作一项苦差事，想做就做，不想做就放弃；有的人把工作当作生存手段，勉强在做；有的人把工作当作一生的事业，用生命在做，并可以从中产生使命感、成就感和幸福感。在对待工作的态度上，最普遍的是第二种，最理想的状态是第三种，然而第一种人也不在少数。工作的激情与工作的状态是成正比的，你越投入，激情越高
遇到压力时如何解决？	工作不是野餐会，无论你喜不喜欢，都会多多少少地感受到它的压力。我们要做的是学会管理压力和释放压力，找到有效的途径缓解压力。只有减轻工作压力才能点燃激情
是否能与团队成员和平共处？	如果你常常游离于团队之外，说明你的工作激情还不够，或者注定是短暂的。如果你是团队型的人，与团队成员相处融洽，那么你一定是个激情四射的人。融入其中，了解团队和公司的文化、任务、使命和价值取向，并不断修正、调整自己，才能经常与激情人士为伍，感受他们充沛的工作热情
怎么看待那些业绩优秀的同事？	大多业绩不好的销售人员必定性格孤僻，不善言辞，不懂交际，且厌烦那些优秀的同事，其实，这是一种不认可或逆向心理。这类人常常把自己圈在狭小的世界里，孤独而封闭，不懂得共享和学习。优秀的销售人员应该虚怀若谷，把眼光放得长远些，感受和学习那些优秀的同事，看看他们对人生、对工作的态度

　　作为销售人员，必须时刻保持高昂的情绪、积极的心态。只要内心阳光，任何阴霾都会不驱而散。你只有精神抖擞，充满激情与活力，才可吸引每位客户。

小 贴 士

　　销售人员的情绪始终影响着客户的心理。比如，以积极、饱满的情绪去与对方交流，无形中会促使对方处于一种兴奋的状态，从而营造一个更为融洽的交流氛围。反之，客户的情绪也会受到抑制，积极性不高，不利于做出成交决定。

1.1.3　面对客户要展现自己的真性情

　　一句真诚的话，也许只需花一分钟或几秒钟，但对听者来说，可能会影响他一天、一年甚至一生。当你真诚地关心他人时，他人必然也会以真心来回报你，这就是"来而不往非礼也"。做销售是同样的道理，面对客户要及时展现自己的真诚，言谈之间表露出诚意。只要真诚地关心客户，客户就很容易对我们产生信任。

案例

　　肖林吉，刚刚加入某电脑公司的销售人员，第一次拜访客户就接到了一笔大订单，刚开始还苦于没有大客户销售经验怕错失良机，但后来凭着自己的真诚打动了客户。

　　事情的经过是这样的，客户公开招标采购大批电脑服务器，消息一出，很多电脑生产商对这笔大订单都垂涎三尺，纷纷下单。当肖林吉得知这个消息时，距对方发招标书已经过去3天了，因此对方拒绝给他招标资格。

　　面对如此多的竞争对手，又被客户拒绝的情况下，如果这时他放弃，谁也不会责怪他。但他没有放弃，而是重新回到客户的办公室，希望对方能够将招标书给他，争取竞标资格。

　　客户告诉他此事必须得到王处长的同意才行，而王处长正在省内另外一个城市开会。肖林吉立即打电话联系了王处长，当时王处长正在开会，让他晚点打来。为了争取主动，他没有任何犹豫，当即赶往王处长所在的城市。到达时已经是中午了，王处长正在午休，要知道没有谁会愿意在午休时间被一个销售代表堵在房间，当得知肖林吉是为招标一事来的时候，王处长脸上的表情更加不爽。

　　肖林吉一直在道歉："王处长，我也知道这样不好，但是我特意从北京飞过来，希望您能给我一次机会。"

　　后来，客户觉得肖林吉推销的产品确实对自己有所帮助，便答应给他机会试试。肖林吉花了3天时间赶制出一份投标书递交给客户。从得知这个消息到正式拜访，只有短短的3天，但是他与工程师决定全力以赴做这件事情，即使输了也没关系，至少可以为以后争取到一个客户。最终，他们还是把投标书做得很完美，顺便做了两个备份。

　　客户见到投标书后很满意。正所谓精诚所至，肖吉林逐渐取得了客户的原谅，并同意发标书给他。开标那天，肖林吉一直等到晚上才听到客户的最终宣布：他中标了。

　　一个销售人员，想仅仅通过寥寥几句就说服客户，几乎是不可能的，毕竟客户最注重的是你的人品，其次才是产品。案例中的肖林吉凭着自己的诚意打动了客户，真诚是相互的，只要你真诚地对待客户，客户也会真诚地给予你回报。值得一提的是，真诚不仅仅体现在态度上，更要体现在行动上，正如案例中的肖林吉，他凭借负责任的态度赶制了投标书，最终改变了客户的主意。

　　然而，很多销售新人却不会向客户展示自己的真诚，巴结奉承？拍马屁？说奉承话？送礼？这些只会损害你的形象，让客户觉得你很虚伪。在展示真诚时应注意以下两点。

　　另外，有一点要特别提醒，很多销售人员都是"两面派"，面对待客户时真诚热情，背后却冷淡诋毁，甚至讽刺挖苦，嘲笑人家不懂行。这是非常不可取的，久而久之，就会被客户看穿，最终得不偿失。

俗话说："精诚所至，金石为开。"只要抱定真诚的态度，就没有办不成的事情。而很多销售人员往往把客户当成自己的摇钱树，对客户耍小聪明，随便摇摆。这样的销售人员也许能蒙蔽一时，却绝不能蒙蔽一世。销售人员和客户是一种长期合作关系，你这次用花言巧语欺骗了，客户下次肯定对你避而远之。如果你能真诚地帮助客户获得利益，换来的必定是客户对你的信任与回报。

真诚为客户利益着想

在推销过程中，很多销售人员在多次遭到客户冷漠后就会变得麻木不仁。其实，这样的态度反而会让客户排斥你，觉得你没有诚意。

因为客户拒绝的最根本原因是对你不信任，面对一个陌生人的请求所产生的拒绝和抵触行为完全是正常的，所以，我们要用真心诚意去感化对方，让对方意识到你是在真心帮助他。只有展现出自己的热忱，才能最终赢得客户的信任。

坦诚接受客户批评和回绝

小 贴 士

人与人交往，主要是以心换心，销售人员与客户的关系虽然是利益关系，但是也不能缺乏常人应有的真情。坦诚相对，将自己的内心告诉客户，帮助客户卸下心理防备，客户反过来也会真诚信任你，接受你。

1.1.4 锲而不舍，不要害怕一次失败

调查显示，80% 的购买决定都是在经过至少 5 次拜访后才做出的，而大多数

销售人员被客户拒绝一两次之后就放弃再次拜访了。也许你认为屡次拜访一个老客户，不如多拜访一个新客户，但是如果你每次都浅尝辄止，那永远不会有一个好的效果。

我之所以敢下这样的结论，主要出于两方面考虑：

一是由于陌生带来的不信任，任何客户都不可能轻易去购买推销员推销的东西。

案例

某推销员想推销一批打印机给印刷厂，拜访20次却没有一次成交。客户无奈地说："年轻人，既然我说了不会购买，我搞不懂你为什么还总是来呢？"

事实上，这位销售人员已经看到对方确实需要，并正在使用这种机器。于是他指着正在运作的机器说："这就是我反复来的原因，我不断地来就是希望有一天您能够需要它。"

"看来我已经没有选择的余地了，"客户放弃了抵制，"好吧，我先从你这儿买几台机器吧！"

实践证明：当客户对你不熟悉时，是可以靠重复拜访来取胜的，而且，重复拜访还可以在精神上对客户施加一定压力，给对方一种"非买不可，没有选择"的感觉。

二是客户的需求是不断变化的，今天可能没有购买需求，明天说不定就会有；今天还认为可有可无的需求，明天可能就成为紧迫的要求。情况是会变化的，只要坚持，肯定会对你有利。

综上所述，销售人员需要经常拜访自己的客户，即使遭到拒绝也要积极调整心态，整装待发。一般来讲，只要做到如下3点，就能坦然面对任何失败，锲而不舍，即使失败也能重新站起来。

宽容，是销售人员应该具备的心理素养之一。不是人人都有高素养的，当不能改变别人时，只能提高自己的心理素质。当遇到蛮不讲理、故意捣乱或者恶意骚扰的客户时，只有宽容不可斤斤计较。宽容能将坚冰融化，销售工作的目的主要是为客户服务，为客户解决问题。所以，在工作时无论面对怎样的客户都不要逞一时之强，否则，最后落个胜了辩论输了生意的结果，得不偿失。

对失败持宽容的态度

遇事镇静冷静思考

优秀的橄榄球员接到意外落到他手中的球并不会惊慌，而是紧抱着球跑过去，或者警觉地转个方向，以免对手扑过来。这种冷静镇定，为灵敏、及时处理突发情况奠定了心理基础。销售人员在面对突发情况时，也应该有橄榄球员般的镇定，不管在任何场合，只要能够保持从容不迫、顺其自然的态度，任何事情都将自如应付。

销售人员与客户产生矛盾后，有些客户情绪会很激动，甚至会出言不逊，在销售行业中这种情况时常发生。因此，销售人员要学会控制自己的情绪，有良好的心理素质，不要被对方的坏情绪所影响。要完全为客户着想，这样就能够理解客户，从而保持一种很平和的心态。

善于控制糟糕的情绪

小 贴 士

人生中，每个人都会遇到意想不到的磨难，不如意、失败的事情会不断向你袭来。生活尚且如此，做销售也一样，遇到困难，或者遭到拒绝只能锲而不舍地去坚持，博得客户的信任，如果你放弃了就会错失拥抱成功的机会。

1.1.5　坚定的信念，奔赴成功的动力

一支英国探险队负重跋涉撒哈拉沙漠，茫茫沙海，风沙漫天飞舞，阳光下就像烧红的铁砂一般，扑打着队员的面孔。行到半程，大家携带的水都没有了，口渴似炙，心急如焚。这时，探险队队长拿出一个水壶说："这里还有一壶水，但穿越沙漠前，谁也不能喝。"

每当口渴的时候，队长就让队员手递手地传递水壶，那沉甸甸的感觉，使队员们濒临绝望的脸上又显露出坚定的神色。

一壶水，成了这支探险队穿越沙漠的信念的源泉，成了求生的寄托。最终，所有人顽强地走出了沙漠，大家喜极而泣。

当大家庆幸挣脱了死神之手时，队长颤抖地拧开了水壶，队员们惊讶地发现，缓缓流出来的是一壶沙子！

此时，所有人才恍然大悟，原来支撑他们坚持走下去的不是水，而是沙子。此后，这个靠"信念"支撑而挣脱死神之手的故事也广为流传。

今天，我们来探讨什么是信念。其实，信念就是人们对某种需要或愿望产生的强烈、坚定不移的思想情感。我们所拥有的任何一个平凡的思想，任何普通的观念，只要坚定不移地去相信它，就可以升级为我们的信念。

要想成为一名优秀的销售人员必须拥有坚定的信念，拥有坚定的信念后无论遇到多么糟糕的境地都能坚持下去，遇到任何困难都敢于去克服。以我十多年的职业生涯为例，有太多的同事已经离开了工作岗位，有刚做几天的，也有做到大区经理级别的，由于各种原因，最后都离开了销售岗位。

我认为这就是信念的问题，正是信念产生了动摇，才无法坚持下去。

☆ 案例

同事徐小姐比我要晚进公司，一起做业务时关系相处得不错，她有什么问题或者想法也喜欢找我聊。半年后，她选择离职了，当然，这半年的业绩也不敢恭维，少得可怜。临走前她还专门向我告别，离开的理由是，自己对理财产品难以上手，正好朋友开了个房地产租赁公司，去帮几天忙。

后来了解到，她这个朋友以前是做电器生意的，赚了点钱后，听说房地产赚头大，就试着进入了房地产。公司成立后只雇了三五个业务员，再加上老板也是第一次介入房地产，业务量太小，业绩惨淡。

徐小姐入职已有半年多，销售业绩不太好，收入自然也就不高，并且开始埋怨，公司实力太小，舍不得花钱，几乎没有做什么广告，楼盘的户型设计也不怎么实用，又没有什么园林景观，楼盘的位置又比较偏，可是价格却不低，这样的楼盘让我怎么卖得动？一段时间后就又动了跳槽的心思。

就这样，她对朋友说，想去家大公司发展，凭借自己美丽的外貌，找份工作一点也不难。但是，眼下工作不好找，连招聘的都少见，后来听说她又做了文员，维持着中下等工资水平。

从徐小姐不断想跳槽的心理来看，她的销售业绩不好，并不是公司和产品本身的问题，而是她个人的认识问题。一个销售人员业绩不行，为什么总是把问题归结于公司和产品，而不从自身找原因？

可见，要想做好销售工作，仅仅公司好、产品好、文化好、管理模式好或福利好是远远不够的，还要自身有坚定的信念。因为没有坚定的信念，就吃不了苦，坚持不下去，稍稍遇到挫折和困难就容易产生放弃的念头，遇到诱惑时就容易动摇，这样是不可能成功的。

坚定的信念，就是时刻告诉自己要相信自己，相信自己能做好销售工作，相信自己能说服客户购买（关于自信的问题在开头已经详细论述，这里不再赘述）。我们强调一个销售人员说服客户购买产品之前，自己首先要相信公司，相信产品，对公司的服务和产品充满坚定不移的信心。

1. 对公司有信心

在销售过程中，销售人员不仅要相信自己，还要对自己所服务的公司有信心。连自己公司都不热爱的人永远不会把自己看作公司的主人，永远不会全身心地扑在工作上，永远不会拿维护自我利益一样的精神来维护公司的利益。正确的态度是：要相信自己的公司是同行中最好的公司，能为客户提供最好的产品或服务。

2. 对产品有信心

对自己的产品有信心，这是非常重要的，是与客户成功交流的基础。只有真正地相信产品能为客户带来利益，才能斩钉截铁地给客户讲出来。而很多销售人员对自己的产品没有信心，比如，自己所推销的产品价值 10000 元人民币，他也许会想只有 1000 元人民币，如此，他怎么会斩钉截铁地向客户索要 10000 元呢？说不出口就是因为对自己销售的产品没有信心。

小　贴　士

信念是一个人内心情感凝缩的精华，是坚持不懈的精神动力，销售人员做好推销的前提是必须有坚定的信念。因为只有信念坚定，才能不放弃不动摇，为实现最终目标持续不断地努力。

1.2　职业形象，给客户以专业的个人形象

优秀的职业形象是实现销售的最佳模式，销售人员是奋战在市场的最前沿尖兵，是企业与外界互动的桥梁，良好的职业形象不仅关系着个人利益，更是企业形象的代言人，从而直接影响着客户对企业和产品的评价。

1.2.1　着装如脸面，正确选择职业装

着装，代表着一个人的形象，也决定着自己在他人心中的第一印象。在销售行业，销售人员的着装不仅仅关乎着自己，往往还代表着企业形象、产品形象。然而，这么重要的一个问题，却被很多销售新人忽略。

案例

2018年毕业季如期而至，每年这个时候公司都要招收一批新人，我作为顾问去现场招聘。一位硕士生前来面试，经过简单交谈后，感觉对方很有才华，基本符合我们的要求。但是，负责招聘的主任暗示我，这个人不能进入下一轮。理由是着装不修边幅。外衣没系扣，裤子皱巴巴的，泛白的皮鞋显然没打油，这确实使他的形象大打折扣，这身装扮起码让我觉得这是一个邋遢成癖的人。

为证实主任的想法，我特意问了这位面试者一个问题："你平时都是这样穿衣的吗？"

"不是，只不过我这个人向来不看重穿什么，怎么穿，只要有真才实学，外表都是次要的。"

"你说的有道理，但注意着装还是有必要的。"

"当然，我也不会就这样去上班。"

"那好吧，如果有需要我们会通知你。"

就这样，这位满腹经纶的硕士生错过了一个机会。

销售，需要经常与陌生客户打交道，必须照顾到对方的视觉感受。一般来讲，在人际交往中，给人以最直接、强烈视觉感受的便是人的着装。销售人员对着装的要求非常高，正如美国最优秀的销售大师法兰克·贝格曾说："外表的魅力可以让你处处受欢迎，不修边幅给人留下第一印象时就失去了主动。"显然，一个毫无着装观念的人是不合格的。

得体的服饰无形中会增加魅力，提升气质，这也为双方进一步交谈奠定了良好的心理基础。就目前来讲，销售人员基本上以职业套装为主，职业装大致分

为两类,一类是工作装,是由公司统一定制印有公司标志的,在上班时间需要统一穿着的服装;另一类是广义上的职业装,也就是说,没有明确要求规则,只要整洁大方,给人一种专业感即可。

随着时代的进步,销售人员的职业装也日益特色化,以往在人们心目中有"呆板"印象的套装也变得活跃起来。在遵守原则的前提下凸显个性,这便是销售人员的着装艺术,那么如何来体现这点呢?

男士以西服为主,颜色上主要有黑、灰、深蓝等几种,几乎没有太大的选择余地,特殊场合服饰除外。如果略显单调,可以在款式上、配饰上多花点心思。

女士以职业装为主,一般为套裙,也可分为两件套和三件套,以其严整的形式,多变却不杂乱的颜色,新颖却不怪异的款式,成为职业女性最规范的工装套裙,也最能体现女性的魅力,将女性的美感与飘逸充分体现出来。但是原则与男士一样,都要以大方、简洁、纯净、素雅为主。

以职业套裙为主
颜色、花色、风格可多样
择衣原则是简单、素雅、大方

以西服为主
颜色以黑、灰、深蓝为主
个性化一点的话可在款式、配饰上多花点心思

销售人员着装原则

1. 男士

（1）款式

西装的具体款式是按照件数来划分的,根据此标准分为单件与套装。

单件西装与裤子一般不配套,依照惯例,仅适用于非正式场合。在正式的商务交往中销售人员必须穿西装套装。

西装套装又可分为两件套与三件套。两件套西装包括上衣和裤子,三件套西装则包括上衣、裤子和一件背心。三件套西装相比两件套西装更加正规一些，按照传统礼仪，最正宗、最经典的商务套装应该是三件套西装。所以，销售人员在参加高层次的商务活动时，以穿三件套西装为好。

另外，西服的扣子非常有讲究，比如，单排扣、双排扣以及纽扣的数量不同，所呈现的风格也不同。

单排扣的西装，最常见的有一粒扣、两粒扣、三粒扣三种。一粒扣和三粒扣两种西装上衣穿起来比较时髦，而两粒扣西装上衣则显得更为正统一些。

双排扣的西装，最常见的有两粒扣、四粒扣和六粒扣三种。两粒扣和六粒扣两种西装属于流行的款式，而四粒扣西装则明显具有传统风格。

（2）面料

西装的面料有很多种，鉴于在商务活动中充当正装或礼服之用，故此，其面料应力求高档。一般情况下毛料是西装首选，具有清、薄、软、挺的特点，比如，纯毛、纯羊绒以及含毛比例高的毛涤混纺皆可。

羊毛面料较厚实，保暖性能好，以冬季为主；如果在夏季，则可以考虑聚酯纤维、人造丝这样的化纤混纺面料。

（3）搭配

在颜色的搭配上需要考虑到衬衫、领带等，三者尽量保持颜色上的一致。主要有以下 4 种搭配方式，具体如下表所列。

主色（西服）	搭配色（衬衫、领带）
黑色	白色或浅蓝色衬衫，系砖红色、绿色或蓝色领带
灰色	白色或浅蓝色衬衫，系蓝色、深玫瑰色、褐色、橙黄色领带
墨绿、褐色	白色或银灰色衬衫，系银灰色、灰黄色领带
白色等较亮的颜色	红色、黑色、砖红色或黄褐色等暖色调

需要注意的是，衬衫一定要配单色，领带可配单色也可带有条纹、圆点、方格等不同图案。

2．女士

（1）款式

目前，市场上比较流行的女士职业套装有4种，整体变化不大，只是在上衣的袋盖、衣领、袖口、衣襟、衣摆、下装的开衩、收边等细节之处略微不同。具体如下表所列。

款式	特点
"H"型	上衣较为宽松，裙子为筒式。给人以直上直下，浑然一体之感
"X"型	上衣多为紧身式，裙子则大都是喇叭式，轮廓清晰而生动，可明显突出腰部的纤细
"A"型	上衣为紧身式，裙子则为宽松式。着重体现着装者上半身的身材优势，遮掩其下半身的身材劣势
"Y"型	上衣为松身式，裙子多为紧身式，并且以筒式为主。上松下紧，意在遮掩着装者上半身的短处，同时表现出下半身的长处

（2）面料

在面料的选择上，纯棉最为理想，买亚麻制品时，要选择混有人造纤维，如聚酯纤维、人造丝或丙烯酸系纤维的，否则，衣服很容易出褶子。对丝绸制品也要谨慎，它们会起褶，而且显得太考究。

（3）颜色

套裙的最佳颜色是黑色、藏青色、灰褐色、灰色和暗红色。

（4）图案

精致的方格、印花和条纹。

3．鞋

在销售行业有一种说法，"永远不要相信穿着脏皮鞋和破皮鞋的人"。这虽然是一句谚语，但充分说明了皮鞋在推销过程中的作用。成功是从"脚"下开始的，销售人员必须注意自己的鞋子。在拜访客户的时候，一定要选择皮鞋，而且要时刻保持干净、锃亮。如果出现破损要及时换掉。

4. 袜子

袜子是个不可忽视的细节，这个小小的细节是很多销售人员不注意的。切记，千万不要选择与服装颜色反差太大的袜子，比如，黑西服搭配白袜子这是最忌讳的。

小 贴 士

得体的着装能体现出一个人的修养、素质和品位，销售人员在穿着打扮上多花点时间和心思绝对不会吃亏，是树立良好印象，博得客户信任的主要方法。

1.2.2 注意言谈举止，展现最得体的仪态

洒脱的风度、优雅的举止，常被人们所羡慕和称赞，也最容易给人们留下深刻的印象。由此可见，用良好的仪态表达礼仪，比语言更真实、更美好。仪态，通常指的是，人与人交往时表现出来的行为方式，身体姿势。人与人交流时也常常会借助于各种姿态，如站姿、坐姿、走姿等表露感情。

这也是我们常说的"身体语言"，它作为一种无声语言，在人际交往中起着重要作用。

案例

刘岩是某建筑材料厂推销员，有一客户拖欠货款，严重影响了双方的合作，前去催款的两名销售人员都无功而返。为了尽快讨回这笔货款，厂里领导派刘岩再次催款。刘岩是一个非常有礼貌的人，说话办事有礼有节，总能给人留下很好的印象，厂里每每接待贵宾都要考虑到他。这次，公司领导决定派他去催款也是考虑到这一点。

到了客户的办公室后，对方正好不在，秘书将刘岩领到了休息室，并沏了杯茶，让其耐心等待，然而，刘岩并没有坐下来享受这杯茶，而是站在办公室门

前等待着，刘岩根据自己的经验得出，等人的时候一定要站着，这是对对方的一种尊重，一种礼貌。

大概十分钟后，客户回来了，看到站在一旁的刘岩，略带歉意地说："您是××建材厂的刘先生吧？实在抱歉，刚才有点事情，招待不周还请原谅。"

刘岩也客气地寒暄一番："哪里哪里，该道歉的是我。"

客户呵呵地笑道："你何罪之有啊？"

刘岩走向前说："孙经理，上次货款的事情是我们催得太紧，那是一个新手，有些地方做得确实过分。这件事情本来由我负责，有什么事咱们可以具体谈谈。"

客户看了看仍站在一旁的刘岩说："我们合作两年多了，我会拖欠你们的款项吗？坐下谈吧。"

说罢，当即让财务将10万元的账款打到刘岩所在公司的账户上，并解释为什么迟迟没有结款，请多多原谅。

为了回馈客户的爽快，刘岩宴请了对方，在宴席上，客户才透露，为什么在自己资金有些紧张的情况下仍决定还款。原来，正是刘岩那个"标准的站姿"感动了对方。据客户自己说，当自己回来时，看到"休息室门前站着一个人，挺拔的身姿，脚尖朝着门外，双手自然地落在小腹前，一种急切的眼神。"这个神情让他想起自己曾经被人欠款的时候，当时也是一样的心情。

有时候，一个人的仪态就足以打动对方，案例中的刘岩，正是凭着站姿令客户产生了感同身受的感觉。挺拔的站姿以及脚尖所指向的方向，就是内心所向往的地方。而前两个催款人任凭好言相劝，也丝毫打动不了对方，因为他们催款的时候，客户的焦点一直停留在"资金困难"上。

站姿只是仪态中的一种姿势，它与走姿、坐姿、手势等一起构成了丰富多彩的"肢体语言"，在人际交往中起着重要的影响作用。对于一个销售人员来讲，仪态仪表是一堂必备课，既是业务需求，也是客户需求。口语表达不是万能的，很多时候，肢体交流是一个很好的补充，语言只有在肢体配合的前提下才能达到应有的效果。

内外兼修：内炼气质，外树形象

商业谈判中，若只有语言交流，没有良好的仪态配合，整个交流就会显得苍白无力。

1. 站姿

正确的站姿，是销售人员应掌握的最基本的礼仪之一。与客户打交道，大量时间都需要保持一个站立的姿态。若有一个正确的站姿，能衬托出自己良好的素质和专业性，也可获得对方的好感。那么，什么站姿才称得上是正确的呢？正确的站姿又有哪些关键点呢？

（1）站姿基本要领

（2）站姿自我训练

贴墙站立：后脚跟，小腿、臀、双肩、后脑勺与墙保持紧贴，使身体上下处于一个平面。保持 20 分钟左右。

背对背站立：两人一组，背对背站立，双方的小腿、臀部、双肩、后脑勺都贴紧。

每人的小腿之间夹一张小纸片，不能让其掉下，保持 20 分钟左右。

　　站姿训练时，若可配上优扬、欢乐的音乐以调整心境，效果更佳。

　　2. 坐姿

　　与客户会面时采用什么样的坐姿呢？较之站姿，坐姿比较多样化。常用的 6 种基本姿势，如下图所示。

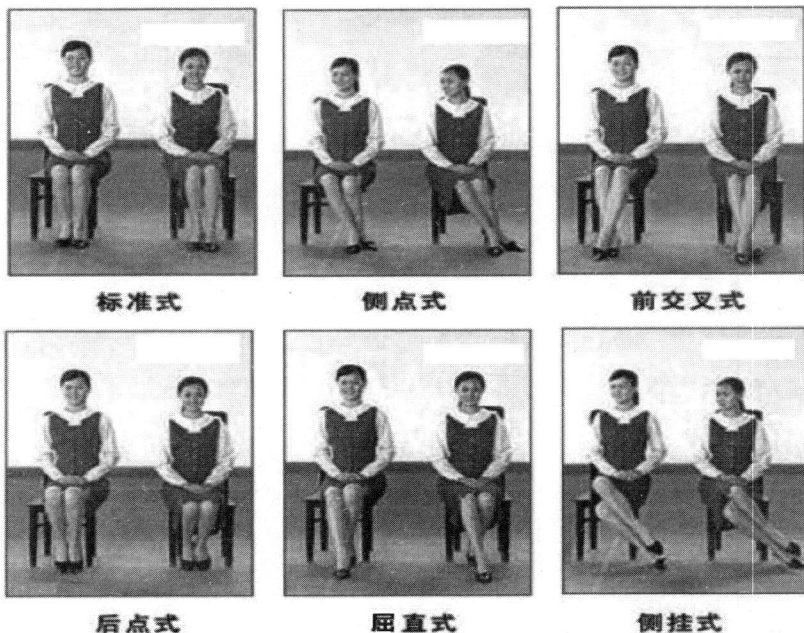

| 标准式 | 侧点式 | 前交叉式 |
| 后点式 | 屈直式 | 侧挂式 |

　　坐姿的要领与采用什么坐姿有关，不同的坐姿要领也不同，具体如下。

　　（1）坐姿基本要领

　　①标准式（适合刚刚与客人接洽阶段）。

　　要领：抬头收额，挺胸收肩，两臂自然弯曲，两手交叉叠放在偏左腿或是偏右腿的地方，并靠近小腹。两膝并拢，小腿垂直于地面，两脚尖朝正前方。着裙装的女士在入座时要用双手将裙摆内拢，以防坐出褶皱或因裙子出现褶皱而使腿部裸露过多。

　　②侧点式（适用于较正式、隆重的场合）。

　　要领：两小腿向左斜出，两膝并拢，右脚跟靠拢左脚内侧，右脚掌着地，左脚尖着地，头和身躯向左斜。注意大腿小腿要成90度的直角，小腿要充分伸直，尽量显示小腿长度。

③前交叉式（适合与交谈方面对面坐着）。

要领：在标准坐姿的基础上，两小腿向前伸出一脚的距离，脚尖不要翘起。右脚后缩，左脚交叉，两踝关节重叠，两脚尖着地。

④后点式（适用于临时变换姿势，或放松歇息）。

要领：两小腿后屈，脚尖着地，双膝并拢。

⑤屈直式。

要领：右脚前伸，左小腿屈回，大腿靠紧，两脚前脚掌着地，并在一条直线上。

⑥侧挂式。

要领：在侧点式基础上，左小腿后屈，脚绷直，脚掌内侧着地，右脚提起，用脚面贴住左踝，膝和小腿并拢，上身右转。

（2）坐姿自我训练

重点强调上身挺直，双膝紧闭，将一张小纸片夹在双膝间，从始至终保持不要掉下来。分别用椅子、沙发等高低不同桌子练习，训练时，也可营造不同交谈情景，以增强适应性。

小 贴 士

销售人员在与客户打交道时，站姿、坐姿是最常用的姿势。掌握了这些姿势的基本要领，就可以展现出一个良好的仪态。但这并不意味着就完全可以应对，肢体动作还包括很多细节，若要完全掌握还需要更进一步学习。

1.2.3 适度化妆，非常规亮出自己

化妆，在人际交往中逐渐成为一种趋势。如今几乎成了每个人出门前必备的一项工作，对于销售人员来讲，适当地化妆后所表现出来的文明、整洁、雅致，不但可使自己在商务活动、社交中更加引人注目，而且对对方也是一种尊重。

1. 女士化妆方法

女性销售人员的化妆，要求简约、清丽、素雅，这与舞会妆、结婚妆以及日常生活中的外出妆存在很大差别，既要给人以深刻的印象，又不许显得艳气十足。

（1）适宜的妆色

化妆的浓淡要视时间、场合而定。在白天日光下工作适合化淡妆。浓妆艳抹，厚厚的粉底，重重的唇膏，与周围的工作气氛不相宜，让人感觉你不是在认真工作，甚至认为你不稳重。在这样的环境中，应当力求表现自然、质朴，采用不露痕迹的化妆手法。晚上参加舞会、宴会等社交活动，可穿着艳丽、典雅的服装，在灯光照耀下妆色可浓些，可使用发亮的化妆品。

（2）化妆品的选用

化妆品种类繁多，必须正确地选择和使用。根据化妆品的功用可以分为三大类：清洁化妆品，用于清洁皮肤；护肤化妆品，用于保养皮肤；修饰类化妆品，用于修饰化妆。选择化妆品，一是根据自己的肤色，二是根据自己的肤质，三是要注意化妆品的质量，四是不要频繁更换化妆品。

2. 男士化妆方法

许多人都以为美容、化妆是女性的专利，事实上，"爱美之心，人皆有之"，男性当然也不例外。据有关资料显示，20世纪80年代末，我国某大城市的一家大型商场，曾经通过摄像机对职员和客户进行录像调查，统计结果发现，在同一时间内男性照镜子的人数竟然多于女性，只是大多数男子在照镜子时不像女性那样坦然，而是尽量避开别人的视线，表现出一定的隐蔽性。

男士化妆主要表现在4个方面：洁肤、护肤、剃须、美牙。

洁肤。男子由于生理因素活动量大，皮肤比女性粗糙，质地硬，毛孔大，表

皮容易角质化。因此，首选是清洁皮肤。

护肤。男士皮肤容易缺乏光泽，老化松弛，滋润是唯一解决的方法。滋润皮肤的产品要选择适合自己肤质的护肤霜，万万不可油腻，否则，油光满面，又吸引尘粒，反而不美。涂抹时进行自我按摩，可使松弛的皮肤紧致。

剃须。男士经常剃须可以使面部清洁，容光焕发，是男士美容的一项重要内容。剃须的程序见礼仪操作。

洁齿。很多男性销售人员会抽烟喝酒，在工作中，偶尔陪客户抽上一支，对方会认为你有涵养，善解人意，值得信赖，既显得礼貌，也无伤大雅。但这种习惯对牙不好，嗜烟成性，你的外观将大打折扣，同时也显得缺乏理智和文明的生活态度，所以男性需要经常美牙。

小 贴 士

有人将工作妆简洁地叫"淡妆上岗"。工作妆是每个销售人员必不可少的内容之一，但与生活妆在很多方面存在一定的差异，比如，浓淡程度，化妆品的选择等，销售人员只宜选择化淡妆。

1.2.4　练习口才，表达能力决定最终结果

凡业绩突出的销售人员，在语言表达上都下过一番功夫。成功学大师拿破仑·希尔曾经用了25年的时间，对全世界500名不同行业顶尖人士进行研究来论证这个问题。结果表明，在这些人的成功影响因素上，发挥作用最大的便是口才。可见，会说话，对一个人的成功多么重要。

很多销售人员由于经验不够，或心里紧张，或者习惯问题，在与客户沟通时，语速或快或慢，缺乏逻辑性，层次感，不但不能说服客户，甚至连自己也不清楚在说什么，这样何以打动客户？

作为销售人员，一定要非常注意自己的表达技巧，用词恰当、谈吐自如、逻辑清楚，对客户提出的异议也能巧妙地化解，让客户感到诚意，意识到你在帮他

解决问题，满足需要。

让我们先来看一个案例，面对同样的情景，不同的表达，效果截然不同。

⭐ **案例**
....

某公司生产了一批新型空调，让甲乙两个销售人员去推销，结果，甲一天之内售了两台，乙售出去三十多台。差别在哪里呢？

卖了两台的甲见到客户时总说："先生你买空调吗？我们这款新型空调非常好，您买吧！"人家说："我家有，我不买。"甲听后扭身就走。

自己的产品好，具体好在什么地方，需要说出个所以然来。一味地干巴巴地说好，任何客户都不会动心的。

而卖了三十多台的乙是这样说的："先生，我向您介绍一下我们最新款的空调。"

"我家有，我不买。"

"这个空调的功能与过去所有的都不一样，它有一种特殊的功能。"

"什么功能？"

"不仅能自动调温节能，还能够过滤空气，有效杀菌。而且在质量上、服务上都是最好的，别人承诺保修两年，保修三年，我们则能保修五年。先生您不妨试一试，我们可以让您免费试用，几天都可以。"

听了这样的话，只要确实有需要，又有谁会不买呢？就算不买，也可以看看，说不定还替你宣传，给你带来客户呢。

两个销售人员在处理同样的问题时，由于表达方式不同，得到的答复完全不同。细细品味两个案例中的对话，可以揣摩其中的说话技巧，销售人员甲的回答几乎是脱口而出，抢先回答客户的问题，而且一再强调的是，我们每个人平时都非常熟悉的东西，其对话的焦点明显不能引起客户足够的重视，客户感觉他的回答不够严谨，没有得到应有的尊重，所以拒绝了他。

而销售人员乙抓住产品的核心问题——有特殊功能进行阐述，层层深入，这种方式不仅协助客户找到了问题的症结所在，轻松化解客户的问题，还能给予客户足够的尊重，于是自然较快地获得了成功。

推销的过程就是与客户交流的过程，是否会说话直接决定了交易的结果。很多时候，销售员拿不到订单不是因为产品问题，而是在表达上欠妥，说话太多或者说话技巧不够好。口才，可能使你事半功倍，如果你说出来的话"句句动听，声声入耳"，让客户听起来倍感舒服，成功便近在咫尺。然而，口才不是每个人天生就具备的，需要运用一定的方法，不断地练习。

优秀的销售人员，在语速、语调、音量上都有严格的要求，这与每个人的发声方式有关。然而，没有经过训练时每个人的声音都存在不足。有的饱满圆润、悦耳动听，有的干瘪无力、沙哑干涩，还有的尖声细语。这是发声系统不同的原因，每个人都有自己独特的发声系统，但是经过训练就可以实现统一，符合标准。

下面就介绍一个声音训练法：声音的发起是由声带振动形成的，发声时需要配合以口腔、鼻腔的运动。我们可以用最简单的方法练习：首先找准你所认为的最佳声音，然后每天用这种声音朗读，说话，久而久之，你的声音自然会和谐悦耳。具体的练习方法如表所列。

声音练习方法	
方法	说明
对着镜子练习朗读	这是很多演讲大师、歌唱家自我训练的一种重要方式，对着镜子练习，观察自己的眼神、表情，并配合运用肢体语言，不仅可以看到自己的不足，还可以练习胆量，增强自信心。销售人员也可以这样练习，每天对着镜子大声朗读，如励志文章、销售技巧等，每天坚持半小时
速读训练法	找一篇文章，快速朗读。刚开始速度慢些，随着次数的增多可以逐渐加快，最后要以最快的速度清晰准确朗诵，而且中间不要有停顿。这种方法是训练你的语音准确，吐字清晰，当然不能为了快而快，如果对方听不清你在说什么，快也就失去了它的意义

续表

声音练习方法	
方法	**说明**
复述训练法	复述训练法是指将别人的话重复一遍,用这种方法训练时,可以找朋友或同事配合,让对方讲一段话,然后自己重复讲述一遍。也可以自己先朗诵一篇文章或讲一段话,录下来,自己再重新讲出来,对比前后的差距。这种训练方法可以锻炼人的记忆力和反应力
模仿训练法	模仿训练法是要求我们有意识地模仿他人说过的话,这种方法在训练口才中经常用到。比如,模仿领导开会时的讲话,模仿某个营销大师的演讲,还可以模仿播音员播报新闻等。任何讲得好的,对自己练习口才有益的都可以模仿。在模仿时,不但要模仿声音,还要模仿动作、表情、语速等
描述训练法	描述训练法是将自己看到的人、事、景用描述性的语言表达出来。描述训练法可以训练你的语言组织能力和语言表达能力。这是一个积累的过程,主要来源于生活实践,要求你时刻注意观察周围的一切,抓住事物的特点
录音、摄像训练法	这种方法是将上述几种方法练习的过程拍摄下来,或者将自己的朗读录制下来,然后反复倾听和观察,找出不足之处,包括手势准确不准确,表情自然不自然等。久而久之,你的口才自然会突飞猛进

　　销售人员每天都需要与人沟通,无论是在电话中还是面对面,一副好的嗓音会使人愿意聆听,对达成交易也有推波助澜的作用。所以,锻炼出一副好嗓子,练就一腔悦耳动听的声音,也是销售人员必做的工作。

小　贴　士

　　"交易的成功,往往是口才的产物",这是美国推销大王——弗兰克·贝特格用三十年的推销生涯总结出来的经验。推销全凭一张嘴，推销的成败在很大程度上取决于说话的技巧。

1.3　有礼有节，重视礼，有"礼"才有"利"

礼仪，是人们在社会交往中约定俗成的行为准则。讲礼仪既是自身素养的体现，也是对他人的尊重，销售人员必须掌握基本社交礼仪，这不仅是工作需要，对自我完善也有着重要的促进作用。

1.3.1　小小的名片大有作为

名片是现代商业活动中不可缺少的交流工具之一，与客户见面之初，双方往往都会首先交换名片，这已经成为一种商业法则。然而，笔者发现，有许多销售人员对此十分不重视。很多人常常不带名片，或者带了名片也想不起来发给客户，这些细节问题大大影响了正常的商业往来。

现代社交工具非常发达，微信、QQ、电话已成为主流，很多销售人员认为名片已经过时，与客户见面互加一个QQ、扫一下微信，或者留下电话号码即可。其实，这是一种错误的认识，交换名片，不仅仅是让对方获取自己的信息，也是建立诚信，提高信任度的一种手段。

戴尔驻中国市场总监阚孝全去见客户时，就常常对自己的客户讲这样一句话："你不买戴尔的产品没有关系，不过请把我的名片放在桌子上，这对其他前来洽谈的人也是一种震慑，这样你就可以拿到更好的折扣了。"

☆
案例

一次，我到某模具制造厂推销与股票有关的理财产品，该厂长姓朱，是一个十足的股票迷。然而，他对我的产品一点也不感兴趣，听完介绍后，只说了一句"我暂时不需要"。由于他当时正与另外一个人谈广告合作的事，也就没怎么理我。我坐在一旁注意到，桌子上放着名烟名酒。显然这次合作中暗含不少猫腻，不过这都是业界的潜规则，司空见惯。

对此，我并没有感到惊讶，因为对我们销售人员来讲，这样的场景几乎每天都会见到。我甚至有些兴奋，多听听他们的谈话也许能意外得到些什么！

于是，我趁机和那位做广告的人谈了起来，询问一些基本情况，一来二去，说了很多，无非是让他明白我也想在他那里做广告。

这时，一位工人闯了进来，打断了我们的谈话，该工人报告厂长说："做模具用的某材料马上用完了，需要采购。"我一听这种材料似乎很熟悉，细细一想才知道，我曾保存一张经营该材料商家的名片。尽管我不是这个行业里的人，但还是保存下来。没想到现在竟派上了用场，我窃喜，这下可能帮上朱厂长的忙了。

我马上问："朱厂长购买这种材料多少钱？"

朱厂长："0.28元/支。"

我又问："需要多少支？"

朱厂长："10万。"

我按捺住心中的喜悦，对他说："三天之内我先带样品给你，如果您这边满意，我马上将货运到。"朱厂长答应了。

第二天，我将这张名片递给了朱厂长，之前我已经打电话联系好一切，只要朱厂长这边满意那边马上发货。由于我帮了朱厂长的大忙，我们也成了朋友，现在他是我最大的客户之一。

一张小小的名片，用在合适的时机价值千万，对于做生意的人来讲，它胜过任何礼物。通过这件事情，我更加重视名片，并把收集名片当成一种日常习惯，有时候无意中得到一张名片我也不会随便扔掉。

再者，交换名片也是一种商业礼仪，与客户第一次见面往往需要相互交换名片。为了增强双方的初步了解，对方会根据你出示名片，或者对名片的态度来衡量你的人品，判断是否继续与你交往。如果你们对彼此有所了解，也不可忽视这个细节，因为名片还有另一方面的意义，那就是传递你对对方的尊重之意。

因此，每一个销售人员都必须将名片随时带在身上，遇到客户时顺手掏出递给对方，并客气地说："这是我的名片，请以后多联系。"不过交换名片也有很多讲究，比如，如何递名片，如何接名片，以及其他注意事项等，都要特别注意。

下面就来介绍一下交换名片时一些须知礼仪。

1. 递名片

正确的递法是：双手大拇指夹住名片左右两端，其余四指手指并拢，使名片平稳地置于双手之间，递至对方胸前；或食指弯曲，与大拇指夹住名片左右两端奉上。名片正对客户，使对方能够清楚地看到自己的信息，并且要走到使对方容易接到的距离。

2. 接名片

出于礼貌，必须双手接名片，接过后还要有意识地看一遍，以示尊重，避免随便地往口袋中一塞了事。如果同时与几个人交换名片，可暂时把名片放在桌上的一角，与对方交谈后，把名片收起来。但要注意在这种情况下客户与名片要对号入座，以防名片与客户张冠李戴，叫错名字。

3. 妥善保存名片

交换完名片以后，要将对方的名片端正地放在自己的名片夹中。如果错把别人的名片递送给对方，将是一件非常失礼的事情，而且也会造成尴尬的局面。把名片放在西裤的后口袋里，会给人一种不尊重对方的感觉，所以名片放在西装上衣口袋比较好。

此外，还有一些细节需要注意，具体如下。

名片尽量做得精美，大小
尺寸合适，以便对方保存

名片一定要放在名片夹里，
以保持名片的整洁、干净

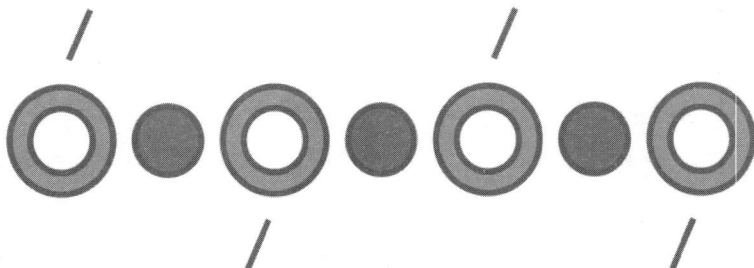

名片上的信息要当场向对方
交代清楚，必要时做些解释

名片夹通常放在上衣内袋或
前裤袋里，避免放在后裤袋

小 贴 士

名片，看起来是一个很不起眼的东西，但你是否尊重客户却在这里表现得淋漓尽致。要成为优秀的销售人员，递接名片这种起码的商务礼仪是必须熟练掌握的。

1.3.2　一线通万金，做好电话沟通

几乎所有的销售新人都有过与客户"煲电话粥"的经历，笔者就有这样的习惯，正式拜访前，先用电话与对方进行沟通，短则十几分钟，长则一个小时，一通电话下来很多问题都解决了。即使有些问题电话里无法解决，会面后沟通起来也会轻松省事很多，因为电话沟通已经打好了基础。

可见，"电话沟通"已经成为推销的必要环节，在通信技术异常发达的当下，一般事情靠电话基本上都能解决。比如，预约拜访，售前了解，以及售后回访等。恐怕没有几个人天天徒步拜访客户，坐在家里就可以轻松做成生意。

案例

秦飞是某乳品公司的一位销售人员，他向一大型连锁超市推销牛奶，通过

前期准备，秦飞知道了超市采购部负责人的姓名、电话等基本信息。之后，他拨通了对方办公室的电话。

秦飞："早上好，宋经理，我是M乳品公司大客户经理秦飞，这次打电话的目的是想与您谈一下我公司产品进贵店销售的合作事宜。"

客户："我马上就要开部门例会了，我现在没有时间。"

秦飞："那好，我就不打扰了，请问您什么时间有空，我再打电话给您？"

客户："明天这个时间吧。"

秦飞："好的，明天见。"

第二天，秦飞按照第一天预约好的时间打了过去，经过商谈双方达成了初步意向。

推销中，如果客户急于结束谈话，通常有两种可能，一种是制造借口，一种是真的很忙。但是无论哪种都说明客户对此次交谈没有任何兴趣。案例中秦飞在听到客户的拒绝之后，迅速询问下次预约时间，争取到下次机会。这次沟通虽然没有成功，但敲定一个重要的信息，"明天这个时间"。注意一定要对方亲口说出明确的时间，否则，你将失去下次预约机会。第二天，秦飞再次拨通了宋经理办公室的电话，无论上次拒绝的真假，这次客户再也不能以同样的理由拒绝了。

因此，电话沟通时销售人员应注意措辞，保持礼仪。如何更好地运用电话这种工具进行沟通呢？下面介绍两种方法：第一，主动给客户打电话；第二，接听客户电话。

1. 主动给客户打电话

主动给客户打电话是销售中一个必经环节，由于无法看到对方的表情和态度，只能通过声音作为第一判断标准，所以，销售人员要具备专业知识、敏锐的观察力以及超人的耐力，除此之外，还必须时刻做好记录。

全面而细致的记录工作是获取客户资料的重要保证，否则，电话沟通之后，你获得的信息也会荡然无存。因此，在打电话之前，一定要准备客户资料卡，边交流边做记录，将谈话重点摘写出来。需要摘录内容如下表所示。

客户资料卡				
客户编号：			业务员编号：	
基本资料	客户全称		企业性质	
	注册地址		负责人	
	总部地址		规模	
	付款方式		业务员数量	
	送货地址		对账时间	
	送货方式		电话、传真	
	折扣		返利	
	经销区域		下属客户数量	
	开户行		账号	
	税号			
	发票类型			
	信用额度			
交易价格	产品单价			

2. 接听客户电话

　　接听客户电话是销售人员了解客户，获取信息的另一个重要渠道。只不过这种方法比较被动，往往只能等着客户主动打来电话。但是，这可是一个非常宝贵的机会，因为，客户的来访电话有很多种，有的是想订货，有的是想了解一下公司或产品，有的是投诉电话。由于是客户主动来访，所以，在与客户沟通的时候容易展开话题，便于获取信息。然而，很多销售人员只注重打电话，却忽略了接听电话的重要性。

⭐ **案例**
- - - - - - - -

一天，客户主动打电话找到秦飞，要求具体商谈代销一事。

客户："早上好，秦经理，我是某大型连锁超市采购部负责人宋启明，昨天我们通过电话，关于产品进店一事我还有一些疑问。"

秦飞："我是秦飞，宋经理请说。"

客户："经过研究，我们对你推销的这个品牌的市场竞争力表示怀疑，目前我们超市卖场已经有几个类似的品牌在销售了，我暂时不想再增加。"

秦飞："是的，关于你们卖场里现售的几个品牌我也做过一番了解，都是常温包装。而我们的产品是活性乳酸菌，采用保鲜包装，您当然了解消费者在同等价格范围内肯定更愿意购买保鲜奶；其次，我公司采用'高价格高促销'的市场推广策略，所以，我公司产品给您的毛利点一定高于其他乳产品。"

客户："那你们还通过哪些销售渠道来推广你的产品？"

秦飞："现在已经与100多家超市签订了代销合同，其中包括一些国际连锁，销售情况良好，我可以给您出示历史数据。"

客户："好吧，你明天早上过来面谈吧，请带上一些样品。"

通过接听客户的电话，销售员秦飞进一步了解了客户的需求。客户之所以能够主动打来电话咨询，说明他已经对产品产生了很大的兴趣。可见，客户的拒绝只是托词，目的是以退为进，想进一步了解产品的相关情况。

通过接听电话可以了解客户的重要信息，只是这些信息转瞬即逝，很多销售新人会忽略，那么，如何在倾听的同时又不失时机地获取客户信息呢？

1. 集中注意力倾听

接听电话和拜访电话一样重要，在接听时必须集中注意力，认真倾听客户所说的话，并作积极的反馈，体现出一个销售人员的专业性和礼貌。接通电话后，你首先要自报家门。

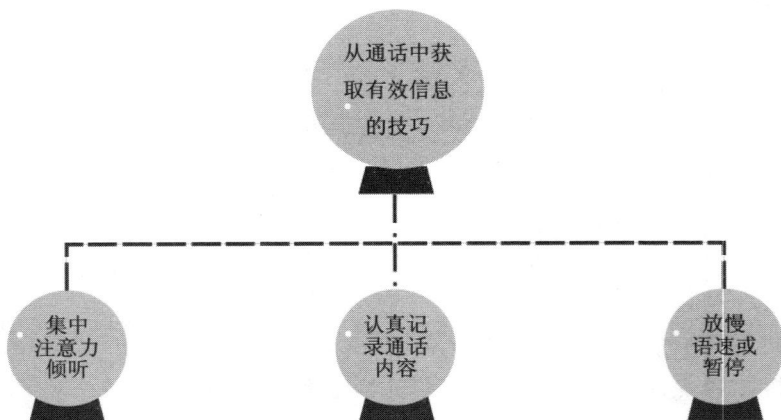

比如，"您好，这里是全程管理公司业务部××"或"您好，我是全程管理公司业务部××，很高兴为您服务"等，给客户一种良好的印象。绝对不能敷衍了事，互相推诿，或者一问三不知，更不能用粗暴的口气，不耐烦的态度对待打来电话的客户。

2. 认真记录通话内容

销售人员在接听电话时，旁边一定要准备好纸和笔，以便做好记录。遇到一些关键点，不仅要记录下来，还应该跟客户复述一遍，确保准确无误，一边听电话一边随手将重点记录下来，比如客户要求订货时，产品名称或编号、什么时间取货等，这些信息必须准确无误。

通话结束后，销售人员一定要对所记录的内容做妥善处理，需要上报的要向上司和有关部门及时反馈。如果你善于挖掘，从这些内容中，也可以发现新的推销机会。

3. 适当让客户放慢语速或暂停

在接听过程中，为了获取精准的信息，难免会让客户放慢语速，或者暂停。这时必须向客户说明理由，解释清楚，"对不起，请您稍等一下"，以免客户因等候而焦急。再次接听电话时必须向对方道歉："对不起，让您久等了。"如果客户等的时间较长，应明确告知对方理由，或者请对方先挂掉电话。如果客户要找的人不在，或暂时无法找到，可以这样说："对不起，×× 现在出去了，我是他的同事，如果方便的话，可不可以让我帮您转达呢？"总之，在接听电话中遇到的意外，一定要先明确自己的处理方法。

小 贴 士

无论是拨打电话还是接听电话，若是处理得当都会让你获得很多客户信息，为你日后的推销奠定良好基础，反之亦然。因此，销售人员无论是在拨打还是接听电话时，都要高度重视，只有充分利用电话资源，才能获取更多客户信息。

1.3.3 握手，绝对不能忽视的细节

握手是商业社交活动中必不可少的礼节之一，销售人员经常出席各种商务活动，在这些场合都免不了与客户握手。握手一般在与客户初见面或结束谈话时，正确地与对方握手，可以传递给对方一种信任，不握手或者不恰当的握手，则有可能破坏一场商业谈判。

案例

辛凌，曾是我的老客户，现如今是无话不谈的好朋友，她是一个非常成功的女强人。一天，她接待了一位来访的推销员，这位推销员是个年轻的小伙子，在秘书的带领下来到辛凌的办公室，秘书介绍说："辛总，这是某化妆品公司的裴先生，他说有事要见您。"

辛凌起身走到办公室中央，面带微笑地对小伙子说："请坐。"

推销员客气地伸出了右手与辛凌握手，边握边说道，"我是×××化妆品公司的销售代表，这次拜访您主要是推广我们公司推出的一款新产品。"话还没说完，就把手缩了回来。

虽然没有过深的交谈，但辛凌已经感到这位推销员缺乏自信，没有任何诚

意，甚至有可能是一个不负责任的人。因为从刚才伸出的手来看，绵软无力，这说明他心里非常焦虑，急于求成。

于是，辛凌客气地对他说："很高兴你来我们公司介绍产品，这样吧，你把产品材料留下来，我看了之后再和你联系。"

就这样，不到两分钟的时间，推销员就被"请"出了办公室。几天内，尽管对方多次打来电话询问，但都被辛凌拒绝了。

刚开始我对此非常不解："那位推销员的化妆品在国内也算是大品牌，消费者反映都不错，为什么不定下呢？"

辛凌说："产品是没问题，可是这位推销员却大有问题，如果我们真的订购了他的产品，以后合作起来会很困难。"

原来那个推销员首次见面，就给朋友留下了不良印象，不但没有表现出应有的商业礼仪，还没有职业素养，始终一副无所谓的样子，似乎要我们低下头来恳求他。朋友接着说道："尤其是他伸手的动作毫无生气，握起手来更像一条死鱼，冰冷、松软、毫无热忱。他的心可能和他的手一样冰冷，何以保证他向我们提供更好的服务？"

对于销售新人来讲，如何与客户握手似乎并没有想象中那么简单，看似是一个漫不经心的动作，实则却隐藏着很多规则。不懂得这个规则，就会被对方认为是冒失，不懂礼貌，甚至有可能引起客户的反感。

正确的握手姿势如下图所示。

握手方式

伸出右手，注视对方，微笑致意；握手时不可用力过大，也不宜软弱无力，以稍用力为宜；当双方的手相握的时候，目光要正视对方，以视真诚、热切，可使对方最大限度地体会到你的诚意。同时，要说些问候性的话，比如，近期生意状况，健康状况等。

内外兼修：内炼气质，外树形象

在一般的交际应酬中，握手仅仅是一种礼节，但是在正式商业谈判中却具有更深层的含义，隐含着心理上的较量。于是，我们常常会发现一些变形的握手姿势，比如，手心向上，手尖朝下等，这些都有特殊的寓意。

不同握手姿势代表的含义如下表所列。

不同握手姿势代表的含义	
姿势	说明
手心向上	手心向上，意味着坦然，坦诚，愿意让对方知道自己的一切。销售人员如果采用这种非常恭顺的握手方式，须对客户的心理有足够的了解，以此来表现自己的诚信，同时也向对方表明自己宁愿做出让步以求合作
四指紧握	这种握手方式又被称为"老虎钳式的握手"，源于双方的手握在一起时候，除拇指之外的四指就像钳子似的紧紧夹着对方。这是一种不受欢迎的方式，这种动作一般体现在一方强势、一方弱势的局势中，处于强势的一方需要这种身体语言来表现对谈判局面的绝对控制权。在商业谈判中，使用这种握手方式的人通常会先伸出手，有力地握住对方，精神饱满地抖动
双手紧握	有的人为了表示热情和友好，习惯用双手同时握住对方的手，其实这是不恰当的。双手相握又叫"手扣手式握手"，在西方被认为是"政治家的握手"，这种握手方式只能用在特定的场合或者特定的人身上，在一般性的商务活动中不宜使用
手尖向下垂直于地面	常见于两个强势人的握手之中，这种握手无疑是一场强势较量，在握手的过程中，双方会使出浑身解数来压制住对方，占据谈判的主动权，意味着双方都不肯做出妥协

除此之外，握手还有很多细节需要格外注意，具体包括4点，如下图所示。

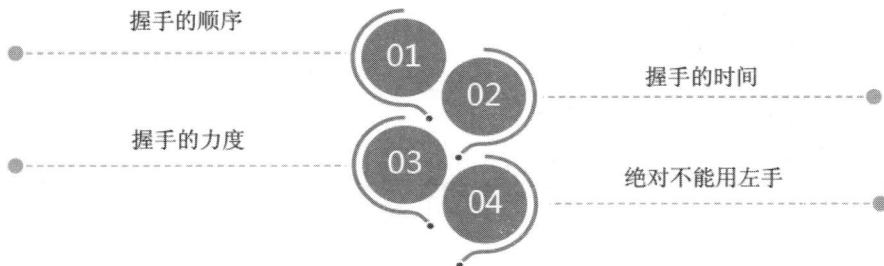

握手的顺序　01

02　握手的时间

握手的力度　03

04　绝对不能用左手

1. 握手的顺序

握手是一种规范性非常强的商务礼仪，有先后顺序之别。一般来讲，当你主动拜访客户时应等主人先伸手，离别前，自己则应先伸手；当客户主动来访时自己要主动伸手，表示欢迎；当客户离开时要等对方主动伸手。

如果对方的职位明显高于自己，要等对方先伸出手，若他（她）没有这样做，自己就应先伸手。

男女握手，男士一定等女士伸出手后，方可伸手握之；当女士无意与你相握时，以微微欠身问好，或用点头、说客气话等代替。

面见多位客户时，要按从近到远的顺序与每位客户一一握手，切忌交叉握手，左手右手同时与两个人相握。

2. 握手的时间

握手时间不宜过长，在正式商务活动中最好控制在 5~10 秒之内，如果与异性相握，要更短些，三四秒钟即可。在握手期间避免谈论太多，只要简短的问候即可，否则必然会造成不必要的失礼之处。

3. 握手的力度

与人握手时力度把握要适当，对此很多人容易走两个极端，一是软弱无力，犹如一条死鱼，当客户握住死鱼一样的手时会觉得你性情软弱；二是用力过大，握手时用拇指和食指像老虎钳一样紧紧握住对方的手指关节处，这种粗鲁的方式会使对方很不喜欢。

因此，握手时力度的把握也很重要，有些女性为了显示自己的清高，只伸出指尖与对方轻轻一碰，这种做法会让人觉得你做作、敷衍。正确的握手是用手掌和手指不轻不重地握住对方的手，再稍稍上下晃一下。

4. 不能用左手

握手时绝不可用左手，尤其是与外宾见面时，绝对避免使用左手，因为很多国家认为这是极其不礼貌的。

小 贴 士

握手前应清洁手部。与客户握手时，不要一边与客户握手一边点头哈腰，显得过分客套了，难免让人觉得不自在。切记，一名优秀的销售人员是平等地与客户洽谈，要做到不卑不亢，首先就要从握手开始。

1.3.4 记住客户的名字

一个阔别已久的老朋友，刚见面就喊出你的名字，这时你肯定会欣喜万分；如果对方想了半天才勉强记起，或者干脆记不起来，你肯定又是另一番心情。事实上，我们每个人都有这样的体验，当别人记不起自己的名字时总会感到不愉快。你希望别人记住自己的名字，同样的道理，别人也希望你能记住他的名字，在与客户接触时尽量第一次就记住对方的名字，这会令你的推销收到意想不到的效果。

案例

一家美容店明文规定："凡是第二次上门的客户，所有的服务人员不能简单地说'请进'，而要说'请进××小姐（太太）'。"在这样的规定下，只要来过店内一次的客户，相关人员就存入档案，并要求全店人员必须记住客户的尊姓大名。

这家店如此重视客户的姓名，使走进店内的每位客户都备受尊重，颇有宾至如归之感。老主顾越来越多，生意愈加兴隆了。

对销售人员来说，记住客户的名字非常重要，否则是一种很失礼的行为，还会由此带来相当大的损失。然而，一个销售人员每天要接触大量客户，记住每个客户的名字显然并非易事，我们知道如果对方在你心中没有一个特别深的印象，是很难记住的。

那么，如何记住客户的名字呢？我曾听过一位记忆专家的课程，获益匪浅。他提到，"记忆力问题其实就是注意力问题，只要你有心去做，90％的事都容易记住。"最后，那位专家总结道，记住客户的名字有以下 6 种方法：

有意识地记忆	事后及时做记录	与客户特征产生关联
根据名字特征进行联想	谈话中多重复几次	围绕名字引出话题

1. 有意识地记忆

心理学研究表明，记忆力问题其实就是意识问题，只有先有意识地注意才更容易记住，因此要想记住客户的名字，首先要有意识地注意。比如，对方在说出名字时，你就要有意识地记忆，特别注意一下。

2. 事后及时做记录

面对多个陌生客户时，大都总是匆匆忙忙地介绍，你还没一一记住介绍就已经完了。这时你只得请介绍者介绍得慢一点，若是可行的话，不妨主动走到别人面前对他说："刚才介绍得太快了，我实在无法记住你的名字，麻烦您再说一遍，我记录一下。"一般来讲，对方肯定愿意配合你再次介绍一遍。

3. 与客户特征产生关联

单纯地记忆某个人的名字会有些困难，但结合对方特征，尽量找出特殊之处有助于记忆。比如，对方"浓眉大眼""塌鼻子""焦红的头发"或者有伤痕。把这些特征联系起来，记住名字就没有那么难了。

4. 根据名字特征进行联想

如何把需要记住的东西留在脑中呢？毫无疑问，开动脑筋去联想。比如，"库尔曼"这个名字好记吗？不好记，记不住时就要善于联想，如果恰好有一家保险公司的名称与这个名字相近，两者放在一起就很容易记住了。这样，碰到对方只要一提那家保险公司就能想起对方的名字。

5. 谈话中多重复几次

也许你有过这样的情况，刚刚认识一个人不到 10 分钟就忘了名字。这里有一个小妙招，即多重复几遍，尤其是在与对方谈话时反复使用。

6. 围绕名字引出话题

如果你觉得对方名字实在太难记，不妨问一问它的来历，坐在一起讨论讨论。很多人的名字背后都有一个动人的故事，他们更喜欢引起他人的注意。所以，当你建议客户谈谈他的名字时，他们会非常愿意与你谈起，这比谈论天气有意思多了。

小 贴 士

作为销售人员，忘记客户的名字就意味着对对方不够尊重，不够重视，因此，见面后要想办法记住对方的名字。与此同时，我们最好先自报家门，免得对方记不起名字而尴尬。这样做对谁都是件好事。

第2章

不打无准备之仗：
做好知识储备和销售计划

推销是一场没有硝烟的"战争"，而要想在战场上百战百胜，必须准备充分的子弹。一个优秀的销售人员在推销之前都懂得先学习，以储备足够的专业知识，同时制订完善的、科学的个人计划，不打无准备之仗。

2.1 知识储备，打硬仗关键靠"软实力"

俗话说，"有备无患，不打无把握之仗"，这里的"备"其实就是知识储备。为什么人才都要经过专业的、系统的知识学习和培训呢？就是因为专业知识是做任何事情的基础，代表着一个人的软实力，优秀的销售人员同样需要以丰富的专业知识为基础。

2.1.1 掌握必要的行业知识

俗话说，"蛇有蛇路，龟有龟道"，从事任何行业都必须先了解相关的行业知识。医生要学习医学知识，会计要学习财务知识，企业管理者要掌握一系列的管理知识。正因为如此才有隔行如隔山的感觉。所以，当你确定自己将入哪一行时就有必要多了解一下相关的行业知识，包括行业特征，发展现状，市场前景等。

推销中，当你把相关的行业信息透露给客户后，有助于他们做出正确的判断。

☆
案例

多年前，我接待了一位来自黑龙江的大客户，他准备在哈尔滨独家代理经销我们的产品。但由于对这一行业缺乏深入的了解，很多问题都还只知道皮毛。

"每台1万元，你们的产品为什么这么贵？市场上同类产品才8000元？"

我说："我们的产品植入了最先进的技术，环保、节水……"我具体讲了产品的优势所在以及未来的发展前景。

对方又提出："既然你们瞄准的是未来市场，那怎么才能保证消费者能接纳这种新型的产品？"这说明对方仍不相信我们的产品有市场前景。

对于他的问题，我决定从这个行业的特点入手，给出更为专业的答案。

我平静地回答："从整个行业的发展态势来看，在未来几十年，甚至更长的

从零开始做销售

——销售新手不可不知的销售技巧

时间里，'环保'将是主要的理念……此外，国家对于从事环保产业的创业者有政策和资金的支持，我们可以请银行来做贷款项目，让您通过分期付款购买我们的产品。张老板，您看还有什么疑问吗？"

我的回答里面不仅包含了对行业的分析，还有对国家政策的掌控，经过深入的交谈，这位客户一次性订购了100台。

上述案例中，真正吸引客户的是新型产品的市场前景，正因为让客户看到了未来的价值所在，对方才决定订购。这就是行业知识对推销的影响，对于普通客户来讲，很多时候可能不会过多地关注某产品的行业背景，但如果对方是一个中间商、代理商、零售商，他们则非常重视这一方面。因为这类大客户关注的不是某一个产品，而是整个市场前景。这时，我们就要从行业的角度入手，从宏观上去把握。

可见，销售人员要想取得好业绩，必须先了解整个行业，掌握丰富的行业知识，加深自己对行业的认识深度，提高自己对行业发展趋势的认识。明确知道该行的市场特征，市场前景，当客户对你的产品产生质疑时，能够用这些知识来解答客户提出的问题，消除客户的质疑。

了解自己所在的行业，重点是厘清行业自身与市场需求、客户需求以及竞争对手之间的关系。

行业自身的基本情况　市场动态及发展趋势　学习行业知识应了解的内容　同类企业及竞品的情况　客户需求情况

1. 行业自身的基本情况

事实上，有许多销售人员素质非常高，在行业内做得非常好，但换一个行业之后就命运突变。其根本原因是对新行业缺乏足够的了解，甚至最基本的了解都没有，这让他无法在新行业中获得长足的发展。

无论做什么行业都必须深入了解其基本情况，包括市场需求、行业特点、行业规范以及运作方式等。对这些有了深刻的了解才能把握市场脉络，一击制胜，如果连最基本的都不知道，那么很难在这个行业做出成绩。

2. 市场动态及发展趋势

很多销售新人在从事一个行业之前，会问：本行业的发展趋势怎样？其前景对你所在的企业有怎样的影响？不少销售人员很难圆满地回答这个问题，因为他们不会花时间去关注这些东西，并且错误地认为，行业的发展趋势是领导、主管们的事，与我这样一个普通的推销员没关系。

事实上，在客户看来你就是专家，你就是市场的先行者，他们希望从你这里获得最新的消息，他们的这一心理得不到满足，你的推销无疑是失败的。只有对行业未来的发展趋势作出科学合理的预测，才能预测出产品未来市场的变化，才能实现推销与消费的对接。

3. 客户需求情况

市场经济中，每个行业尽管时刻在发生变化，但这些变化时时刻刻围绕着客户需求。因此，客户需求是影响行业发展趋势的主要力量。销售人员需要时刻关注本行业的客户需求及最新动态，任何一点新消息都不要轻易放过。一位深刻了解本行业的销售人员，会对本行业客户需求和走向保持高度关注，一旦在这方面关注不够，那么很可能会落后于需求，被客户抛弃。

4. 同类企业及竞品的情况

做销售就是做市场，有了庞大的市场才有足够的消费能力，这就需要知道本行业有哪些同类企业和相关企业以及它们的经营情况，生产的产品在市场上的反映如何，消费者如何评价等，这些情况都需要搞清楚。

了解这些方面，既是对新市场的摸底调查，又是对竞争对手的分析和评价，有利于自己日后工作的开展。

除了以上介绍外，对行业的了解，还包括对客户所在行业的关注，比如，你的客户是一个礼品制造商，他买的车将会经常带着样品给他的客户展示，那么他对汽车的要求将集中在储藏空间大小、驾驶的平稳上等。那么顺口问一句："这车内室空间宽敞，放置礼品绝对够用吧？"其实这只是一句问话，可对客户却是获得认同的一种好方法。当客户开始介绍他的行业特点时，你已经赢得了客户的好感，大大缩短了双方的心理距离。

小　贴　士

　　对行业的深刻了解是一个人无可比拟的资本。良好的从业经验可以帮助你在该推销中更有见地，以便分析问题和解决问题时思路更清晰，及时找准问题的症结所在。反之，无论你是解决问题，还是作出决策，甚至完成本职工作，都是有难度的。

2.1.2　了解企业的相关知识

　　几个月前，我为了一个培训项目，专门到北京一些卖场对 IT 产品终端零售情况进行调查。在路过某一旗舰店时，就想对其销售人员的销售水平进行一番考察，其中有一位销售人员的话让我印象深刻。

　　我："你们都有什么品牌产品？"

　　对方："我们的品牌都是爱国者。"

　　我："知道为什么叫'爱国者'吗？"

　　对方："这个名字的核心就是要弘扬我们中华民族的志气，因此我们做每一款产品都非常用心，我们的产品质量比任何一家跨国公司都不差。"

　　他的这句话让我对"爱国者"肃然起敬，而且对他关于质量的保证深信不疑。

　　作为销售人员，在推销理念上首先要与公司保持一致，公司是销售人员对外宣传、进行推销的强大后盾，如果你的公司在业界影响力大，讲信誉，当你把这些讲给客户听的时候，客户自然会很容易接受。

不打无准备之仗：做好知识储备和销售计划

公司与销售人员的命运相连，利益息息相关，无论是规模、实力，还是行业地位、声誉都有利于自己的推销工作，使客户产生联想，从而影响他们对你的态度，对产品的看法。

☆ 案例

A药企是国内知名度非常大的企业，产品也一直走高端市场。但几年前却并非如此，很多开发出来的产品都束之高阁，久久打不开市场。

新任营销经理的王经理发现这与公司单一的招商形式有关，即以往主要以销售人员联系商业公司以及个人代理为主。认识到这种现状后，王经理认为，应当继续坚持招商的模式，但在手段上要改变。如何改变呢？他提出一种方案：借招商提升企业知名度。

在这一思想指导下，A药企陆续在医药网站招商，在动员大会上王经理给大家下达了一个任务——写企业故事，关于企业历史、文化、背景等方面的文章皆可。此举让所有的销售人员都捉摸不透："写故事就能招来客户？就能让客户签订单？"

尽管对此有疑问，但大部分人还是按照要求去做，几天后，收上来300多份征文，不过王经理并不满意，因为符合规定的只有五六篇。大部分人的"故事"呆板，流于形式，有的不着边际，粗制滥造。

他再次要求销售人员"讲故事"，同时还在全公司召开关于企业文化、产品生产、推广营销等多方面的会议进行培训。会后要求员工一定要用心，无论写哪一方面都要贴近现实，以诚感人。这次果然有了较大的改观，然后他把这些"故事"发布在招商网站、自家网站及相关媒体上，并要求相关人员时时更新动态，发布相关产品信息。

功夫不负有心人，一年后，A药企的招商情况有所改善，不少终端客户主动上门寻求合作。这种形式在招揽客户的同时对公司也起到了一定的宣传作用，在某种程度上提升了企业在业界的影响力。

这个案例说明，销售人员有必要了解公司的情况，包括公司的发展历史、现状、未来发展前景和规划、经营理念、行业地位、荣誉、权威机构的评价以及公司领导（经历、荣誉）等。任何产品都是企业重要的组成要素，与企业的关系密不可分，我们只有多多了解自己的企业，对企业培养起深厚感情，把企业使命当作己任，才能真正喜欢所推销的产品，培养出对产品的信心。

　　那么，对企业应该了解哪些方面呢？主要包括 4 个方面。

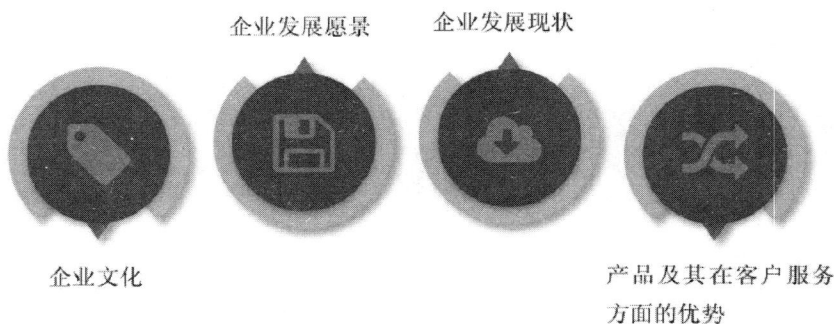

企业发展愿景　　企业发展现状

企业文化　　　　　　　　　　　　产品及其在客户服务
　　　　　　　　　　　　　　　　方面的优势

1. 企业文化

　　企业文化反映的是一种企业精神、使命和价值观，很多客户被浓厚的文化氛围吸引后才更容易产生购买之心。因此，在推销过程中要把企业责任和使命，尤其是文化中的精髓部分传递给客户。那些只为了得到一些物质利益而忽略了文化精神底线的企业，生产销售的产品的价值也就可想而知了。

2. 企业发展愿景

　　何谓企业愿景？是指企业长期发展规划和未来前景，体现该企业在发展过程中永恒的追求以及企业管理者的立场和信仰。也许有人会问，这与推销有什么直接的联系呢？它对消费者是一种积极的引导，是对客户的疑问"我们代表什么""我们希望成为怎样的企业"最有力的回应和承诺。

3. 企业发展现状

　　公司的发展和辉煌业绩对员工是一种激励，对客户也是一种良好的展示。为什么很多客户在购买产品时会有意或无意地问一句，这是哪儿生产的，哪家公司的？即使都是名牌产品也要经过对比分析，权衡比较，目的就是选择最好的产品。

其实，这就是对公司发展现状的一种考察。客户会随时了解企业的发展现状和变化，了解企业发展动向，销售人员要随时做好准备以应对客户的各种提问。

4. 产品及其在客户服务方面的优势

这是与客户利益联系最为密切的一项，也是客户最关心的内容之一，几乎所有的客户都会直接问到这项内容。

政策和规定只能限制对客户服务的程度，很多时候销售人员都会说："按照公司规定，你们会享受到什么什么服务。""对不起，这是我们公司的规定。"这就是公司内部规定的相关服务政策，不同的公司也会出台不同的政策。

小 贴 士

值得注意的是，不可能无限量地给客户提供所有的服务，因为企业是以营利为目的的，如果客户的要求与公司企业所提供的服务同等，甚至超出的话，企业就会出现不盈利甚至亏损的情况。所以，客户所享受的服务必然小于他所支付的费用。

2.1.3 精通产品知识

无论做哪个行业的销售，销售人员都必须具备扎实的专业知识。如果你能像修车师傅那样熟悉汽车的话，一定可以推销更多的车；如果你能像理财分析师那样懂得理财的话，一定可以多推销几套理财产品。大多数销售人员之所以无法将自己的产品很好地展示给客户，最主要的原因就是对产品不够了解。

销售人员提升业绩的前提是在自己的领域里成为"专家"，充分了解自己的产品，可以应对客户提出的各式各样的问题与异议。

案例

周末，我陪家人去家电卖场，想买一台液晶平面彩电。一到卖场，家电品牌琳琅满目，广告词醒目而耀眼，顿时看花了眼。

从零开始做销售
　　——销售新手不可不知的销售技巧

　　好长时间，我和家人才选中一款42寸某品牌的液晶平面电视，我请导购员介绍介绍产品的性能。结果，这位导购员跟复读机似的，机械地讲了一堆我们的产品是行业最领先的等，不带一丝感情。我问能不能演示一下播放效果，结果他弄了半天也没调到最佳。

　　然后，我又到了另一品牌区，就一款37寸的电视要求对方进行介绍，结果导购员又是讲了几句套话。当我进一步询问详细的技术参数，比如屏幕分辨率、感光度等问题时，他却一问三不知，最后我干脆离开了这家卖场。

　　我想，这里的导购员估计都没有经过岗前培训，如果他们一直都是这样说的，怎能令客户满意？

　　之后我来到另一家家电卖场，我同样看中了两款42寸的电视，一款是42HC系列的，另一款是42SW系列的，价格一样，但功能不一样。当我请对方介绍两款的不同时，该导购非常客气，先请我们坐下，详细地介绍了两款产品各自的优势、共同点和不同点。

　　HC系列屏幕分辨率达到3300万像素，SW系列屏幕分辨率只能达到660万像素，差5倍之多。HC款的显示效果显著高于SW款。两款都有PC接口，都有画中画，可在一个大屏幕上显示十几个小屏幕，同时收看。导购在介绍的同时不断给我们演示效果，我虽然对很多技术参数听不大明白，但听完介绍感觉42HC系列的质量和功能更好，最终我选择了这款。

　　销售新人想做好自己的工作，首先必须深入学习产品知识，成为该领域的"专家"。比如，产品的基本信息、优势、能给客户带来的好处等。这些信息都是客户最关心的，销售人员必须了如指掌。

1. 基本信息

　　产品的基本信息是产品呈现和传递自身信息的主要方式之一，通过基本信息客户可以对产品有初步的了解。一般来讲，产品的基本信息如下表所列。

产品基本信息表	
类别	**举例**
名称	
品牌	
型号	
分类	
计量单位	
生产厂家	
厂地	
规格	
服务内容	

2. 使用/操作方法

对于大部分客户来讲，他们最关注的是产品的使用价值。使用价值的内容包括具体的使用/操作方法，尽管在外包装和说明书上会有简单说明，但大部分客户还是喜欢听到销售人员亲自讲解或示范，这样会让自己更加直观地体验到该产品的效果。

所以，销售人员应熟练地掌握产品使用/操作方法，重点介绍产品说明书里没有的内容或注意事项。

3. 产品的优势/特色

在产品同质化的今天，产品必须有特色才能被客户关注，这一方面体现在产品的设计、制造上，另一方面需要销售人员在向客户介绍时抓住特点，突出优势，以加深客户对该产品的印象，再有购买需要时，会第一时间想到该款产品。

产品优势/特征是相对于同类产品而言的，销售人员推销之前，需要先认真比较两种产品，找出自己产品的优点和不足之处。对自己产品的优点加以保持，缺点加以改正，知己知彼。

4．与产品配套的服务

随着客户对产品的要求越来越高，服务已经成为产品推销链中不可或缺的一项内容，成为提升产品价值的主要特征。产品必须提供相应的服务，销售服务一般包括售前和售后两种，售前需要销售人员在推销过程中就向客户详加说明，比如，关于产品的任何疑问等；而售后服务的各项事宜，公司一般都有明确的规定或有专门的客服人员，但这并不代表与销售人员无关，而是需要将其一一谨记在心，正确无误地向客户讲清楚，以免客户对公司产生误解，认为公司不讲信誉，不履行承诺的售后服务约定。

5．与产品相关的其他信息

（1）价格

价格也是客户最关心的问题，一个产品的价格有很多种，比如，批发价格、零售价格和公司做活动时的促销价格、买赠价格等，而且这些价格会随着市场的变化有所改变。这些价格销售人员都要及时并准确地弄清楚，以便针对不同客户的不同需求进行推销。

（2）发货情况

交易达成后，便需要确定交货期和交货方式，因此，销售人员还需要对公司的库存、生产周期、发货时间以及发货方式等有一定了解。只有清楚掌握这些情况，才能更快、更合理地与客户达成协议。

（3）其他

凡是本公司生产或经营的产品，销售人员都应该略知一二，避免客户问起这方面的内容时，由于自己不知道而给公司造成损失。

如果你销售的是一些特殊领域的产品，如医药、精密器械等，还必须掌握相关的专业知识，而且知识较快更新，销售人员要保证自己掌握的是最新信息，确保讲解准确，避免误导客户。

小 贴 士

一定的文化素养和专业技术水平是现代企业对销售人员的基本要求。全面了解产品及其属性是成功推销的基本要求，产品知识掌握得越多，专业技能越强。一个优秀的销售人员应是自主地、不断学习的人，唯有如此，才不会被这个时代以及所就职的公司淘汰。

2.2　确定目标，有目标才能明确方向

确定目标是成功做一件事情的起点，做任何事情都要先确定一个明确的目标。在以业绩为导向，用数字说话的销售行业，只有先确定明确的目标，才能明确未来的工作方向，并全力以赴地去实现。

2.2.1　制定目标

很多销售新人尽管每天也在上班、下班、打卡，但很少见到什么效果。整天浑浑噩噩，工作毫无头绪，完全是一种当一天和尚撞一天钟的心态。其实，这与没有明确的工作目标有关，一个人在工作中一旦没有目标，也就失去了方向，只有先确定目标，才能在目标的指引之下，坚持不懈，奋勇向前，即使遇到困难与挫折也不轻易气馁。

一个人能否成功，关键在于是否有明确的目标以及努力实现它的决心。

☆
案例

费罗伦丝·查德威克是美国加利福尼亚州一名职业运动员，她是第一个游过英吉利海峡的女性。1952年7月，她又开始挑战另一项世界纪录：穿越加利福

从零开始做销售
——销售新手不可不知的销售技巧

尼亚州海峡。

7月4日那天早晨，天很冷，雾很大，她纵身一跃，跳入太平洋开始向对岸游去。15个小时之后，她感觉很累，全身冻得发麻，她意识到自己不能再游了，就叫人拉她上船。她母亲和教练在另一条船上，不断地鼓励她坚持下去："查德威克，不要放弃，离海岸很近了！"但她最终还是放弃了。几十分钟之后，也就是15 小时55 分钟之后，再也坚持不下去了，助手不得不把她拉上船。当她上岸后，才发现离对岸只有半英里。

后来，据她回忆，那天最大的问题不是技术问题，而是刺骨的水温。她不加思索地说："我那天迷失在了大雾中，朝加州海岸望时除了浓雾什么也看不到，如果当时能看得见对岸，也许就能坚持下来。"

2 个月后，她在一个晴朗的天气再次挑战，最终成功地游到预定目的地。

无独有偶，1984年，在东京国际马拉松邀请赛上，一名叫山田本一的运动员出人意料地夺冠。赛后，有记者问他："你为什么能一鸣惊人？"山田本一只说了一句话："凭智慧。"10年过后，从他的自传中人们才知道所谓的"智慧"就是"分解目标"。

他是这样写的："每次比赛之前，我都要乘车把比赛的线路仔细地看一遍，并把沿途比较醒目的标志记下来，第一个标志是一个银行，第二个标志是一棵大树，第三个标志是一座红房子……就这样每隔一段做个标志，一直做到赛程的终点。比赛开始后，我就以百米的速度奋力地向第一个目标冲去，等到达第一个目标后，我又以同样的速度向第二个目标冲去。40多千米的赛程，就被我分解成这么几个小目标轻松地跑完了。"

查德威克是个游泳好手，山田本一是个长跑健将，他们都有挑战自我的勇气，但结果却截然相反。其中原因是目标起着决定性作用。查德威克在浓雾中失去了目标，即使离目的地还有半英里也无法战胜疲劳和寒冷；而山田本一在长长的跑道上，尽管遥遥无期，看不到头，却信心百倍，奋力坚持。这就是目标的作用，我们借用两位体育界名人的亲身经历来说明这个问题。

那些成功的人无一不给自己设立目标，而且严格要求自己坚决执行。销售人员的推销之路就像冰冷的海水、长长的跑道一样，要想顺利走完必须有一个目标指引，否则就会迷失方向，失去前进的动力。

有了目标，推销工作就会更加顺利，销售人员在向客户推销之前必须制定自己的目标，每一步都要按照事先制定的目标执行。具体来讲，明确的目标对销售有以下 6 个方面的作用。

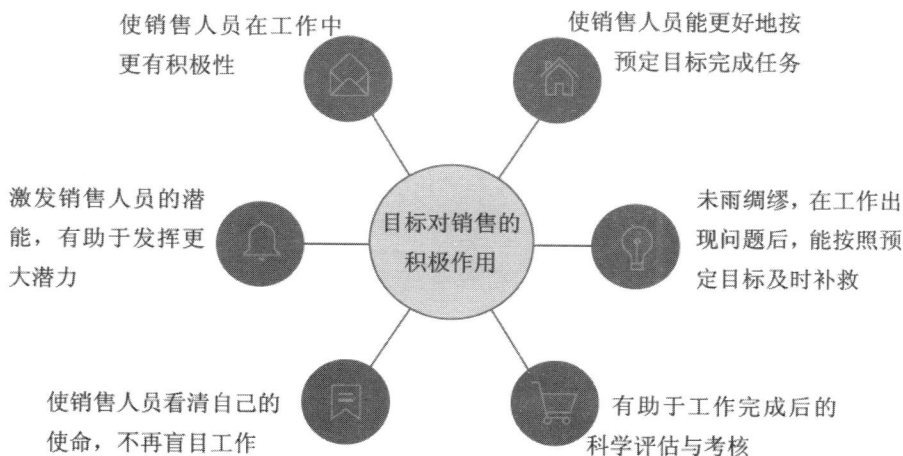

既然目标这么重要，那么，销售人员又该如何制定自己的目标呢？大致可分为 3 个步骤。

1. 设定总目标

总目标是一个终极设想，在实现之前所有的工作都必须围绕这个总目标展开，一切都为总目标的实现而服务。也就是说，终极目标是总方向，指引所有工作。如果你没有总目标，或者总目标的方向没有把握好，或者说总目标本身就是错误的，那么再努力也是徒劳。

2. 对总目标进行细化，制定短期目标

说到总目标就应该有分目标，一个总目标包括很多小目标。销售人员在为自己制定目标的时候要尽量具体化，越具体、越细化，就越容易执行，比如，你想挣 1000 万元，不能只盲目地去想，"我怎么才能拥有 1000 万呢？"而是要明

确地知道，将在多长时间内实现这个目标，如果是一年内，那么就需要细化到每月要赚多少，每周要赚多少，甚至每天要如何去做。只有这样才能实实在在地去执行，才能如期实现你的最终目标。

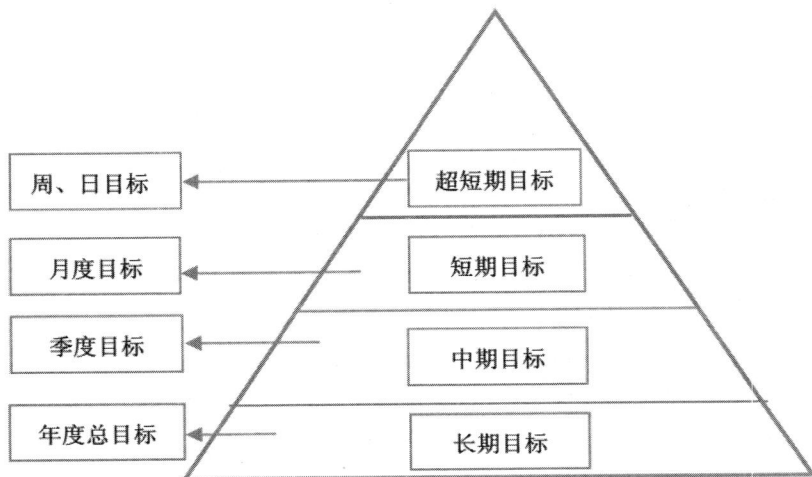

3. 每天都要确定目标，并把每天的小目标写在纸上

研究发现，1 至 3 天的短期目标是最好的目标，也是最容易实现的目标。这些目标好比马拉松长跑路上的一个显示标志，它能时刻激励你前进，激励你坚持不懈地去做。更重要的是，在你实现这一个个小目标之后，就会产生幸福感和成就感。

离你越远的东西越显得不重要，同样，看不到、摸不到的目标也难以实现。当你制定好自己的销售目标时，就需要把每一月、每一周，甚至每一天的目标简明扼要地记录下来。最好写在纸上放在自己容易看得见的地方，时时刻刻提醒自己为实现这些目标去努力。

小 贴 士

　　没有目标的销售就好像没有航标的船，只能在江面随波逐流。没有目标，销售人员也无法对自己的工作成绩进行评估和总结。目标是销售人员做好自身工作的必要条件，作为一名优秀的销售人员，必须有明确的工作目标。

2.2.2　评估目标

在我们身边，有许多销售新人因为有了目标而取得不俗的业绩，也有些人却没有任何进展，究其原因，无外乎是目标的可行性问题。当你制定的目标犹如空中楼阁，不具有可操作性时，实行起来就非常困难，自然也失去了制定目标的意义。

目标是方向，更是对自我的一种要求，制定目标一定要从自身的实际情况出发。

⭐ **案例** ....

我的部门有这样两名销售代表，一名是新招的小张，另一名是进入公司已经一年的莲莲。他们所做的工作一样，都是通过电话寻找客源，并邀请对方参加培训课程。

就像是所有刚刚进入企业的人一样，小张一开始就以极大的热情投入到工作之中，并且给自己设立了一个看似美好的目标，即在一个月内要让三十个人来听课。在目标的激励下他非常努力，几乎一进办公室就忙着打电话，可事实并不像他想的那样简单，他不断遭到对方拒绝。几天后，接连不断的拒绝让他热情大为下降，自信也在渐渐减退……一个月过去了，小张竟一个客户也没邀请到。

莲莲比小张早进入公司一年，一年的时间已经让她成为部门里最好的员工之一。跟小张一样，她也给自己制定了目标。不同的是，她没有盲目地只写一个大概数字，而是每次定目标时都会拿出一份早已准备好的PIP（业绩提高计划），详细比对、权衡，此外还会结合客户需求、市场原因等多方面进行最后的分析。最后才能决定月目标，比如，计划在两个月内完成季度任务的60%，就会100%地完成这个任务。

很多销售新人就像上述案例中的小张一样，急切地希望做出业绩证明自己，盲目地给自己制定目标。却不知道很多时候想做的和能做到的完全不一样，也正因为如此，目标反而成为他们的包袱，设置了一个看似很美的目标，却难以实现。

目标有一定的导向性，能够激励行动，但并不是所有的目标都能起着这样的作用，一旦所制定的目标过高，不切合实际，就会像案例中的小张那样反而会丧失激情，失去信心，从而否定自己。

　　因此，制定销售目标前要先对其合理性进行评估，找出问题，根据实际情况逐步矫正，使其能真正体现工作要求。为制定出一个切实可行的目标，销售人员可以根据以下4个标准来对已有的目标进行评估。

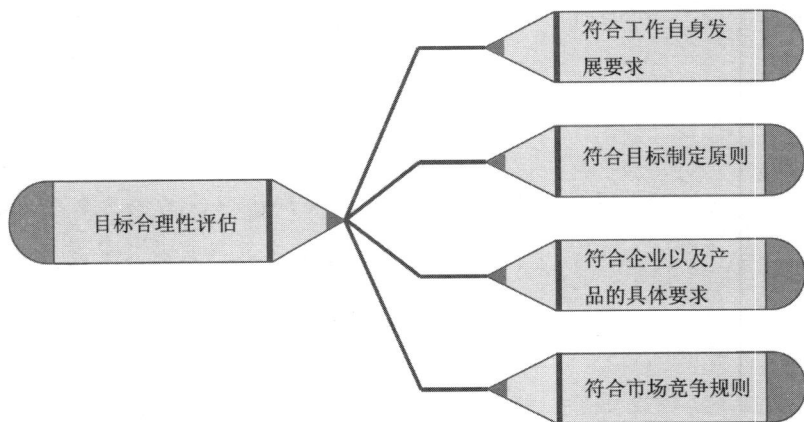

```
                                    ┌─────────────┐
                                    │ 符合工作自身发 │
                                    │ 展要求        │
                                    └─────────────┘
                                    ┌─────────────┐
                                    │ 符合目标制定原则 │
                                    └─────────────┘
┌─────────────┐
│ 目标合理性评估 │
└─────────────┘                     ┌─────────────┐
                                    │ 符合企业以及产 │
                                    │ 品的具体要求   │
                                    └─────────────┘
                                    ┌─────────────┐
                                    │ 符合市场竞争规则 │
                                    └─────────────┘
```

1. 符合工作自身发展要求

　　现实中，许多人在制定目标时缺少对自我的认知，只是凭借着臆想去制定出一个大概、模糊的目标，并不考虑实际情况。想想看，这样的目标对工作又有什么推动作用呢？

　　人是执行目标的主体，自己所拥有的能力直接决定了目标能否实现。符合自身的发展要求是要正确认识自我，这一点在制定目标时尤为重要。认识自我就是对自己的性格、能力以及现有条件有一个客观的认识。

2. 符合目标制定原则

　　目标制定必须遵循一定的原则，在制定目标时一定要本着下表所列的4个原则去做，只要不符合其中之一，就有可能导致目标无法实现。

制定目标应遵循的原则	
原则	内容
具体性原则	是指制定的目标是具体的，有明确指向性，条分缕析，每个条款都具有可操作性
可衡量性原则	是指制定的目标是可衡量的，有明确的评判标准和指标。销售目标一般从数量、质量、成本、时间、客户满意程度等方面来衡量
可实现性原则	是指制定的目标是符合现实条件的，即制定的目标充分结合了当时的客观条件和自身的能力
时限性原则	是指制定的目标有明确的时间限制，即在哪段时期开始，完成，否则，制定目标也就失去了意义

3. 符合企业以及产品的具体要求

目标，为什么要考虑企业以及产品的具体要求，主要有两个原因。

一是能够向对方更为详细地介绍公司以及所推销的产品，因为只有对方真正了解到产品以后，才可能产生消费和购买的欲望。这一点决定了我们必须详细地了解公司以及推销产品的相关信息。

二是如果说上面说的是"知己"的话，做到这一点就是"知彼"。能够从这些信息中找到"卖点"，并确定客户群——什么样的人会需要这样的产品或者服务。这样一来，我们就会知道有多少人需要这样的产品或服务，从而得出一个准确的、合理的数据。

4. 符合市场竞争规则

我们都知道，现如今的市场最为显著的特征就是竞争，对销售人员来说，在制定销售目标时，一定要考虑到竞争者的存在，多了解一些行业以及竞争对手的信息，千万不要乐观地认为：整个世界上只有你们这一家拥有这样的产品或者服务，而是要冷静客观地接受竞争对手的存在。只有这样，才会理智地制定目标，不会盲目自信。

小　贴　士

　　要想制定出有效的销售目标，并促使自己取得更好的销售业绩，就必须在制定销售目标时综合考虑，准确评估，不要把心中愿望当成要实现的目标。否则，目标不仅仅难以成为推动业绩的动力，反而有可能成为我们前进的障碍。

2.2.3　执行目标

　　执行力就是把目标变成行动，把行动变成结果的一种能力。无论目标多么远大，如果没有高效的执行力，一切都为零。

　　请看下面这个真实的故事。

☆ 案例

　　有一位老木匠，凭着精湛的手艺为公司效力多年，深得老板的青睐。当老木匠年岁已高，准备退休回家颐养天年时，老板提了一个请求，请老木匠为他做最后一件事：盖一所漂亮的木房子。

　　老木匠尽管不愿意，看在多年的情分上无奈应允。接下来，他干活时显得心不在焉，全然没有先前那么用心了，有些环节出现了偷工减料，随意拼凑的现象。总之，他不再像先前那样用心做事，很快，老木匠草草完成了老板交给的任务。

　　当他把这所木房子交给老板时，令人没有想到的是，老板对他说："你为我干了一辈子，我现在就把这所房子送给你，也算作我最后送给你的礼物吧！"

　　老木匠顿时愣在那里，后悔自己没有尽心尽力建造平生最后一所房子，恍然中，他似乎明白了很多……

　　老木匠无疑是不幸的，他用一个令人尴尬、懊悔的经历领受了一个深刻的教训："若自身没有坚决执行的觉悟，没有坚决执行的意识，最终害的还是自己。"

这对在工作中那些执行力差的人也是一种讽刺。我们经常可以看到，有些人对本职工作执行不力，敷衍了事，从不把心思放在工作上。做销售也一样，如果每个人都对制定的目标充耳不闻，或者不用心执行，那么所有的指令都会变得毫无用处。

有很多销售新人问，我每天都在努力工作，为什么仍实现不了预期目标？要知道，行动不一定等于有效的执行，有效的执行力，需要有认真工作的态度，高效的工作效率、严谨的工作作风、精益求精的工匠精神。

综上所述，要想提高目标的执行力，需要在多个层面上共同提高，具体如下。

1. 提高办事效率，不拖拉

"明日复明日，明日何其多，我生待明日，万事成蹉跎。"要提高执行力，就必须强化自己的时间观念和效率意识，树立立即行动、马上就办的工作理念。无论做什么事，不要有"等一会儿""以后再说吧"的懒惰思想，否则将一事无成。

坚决克服工作懒散、办事拖拉的恶习。每项工作都要立足一个"早"字，落实一个"快"字，抓紧时机、加快节奏、提高效率。做任何事都要有效地进行时间管理，时刻把握工作进度，做到争分夺秒，赶前不赶后，养成雷厉风行、干净利落的良好习惯。

2. 脚踏实地，认认真真地去做

踏实，是成功的必要条件，天下大事必作于细，古今事业必成于实。每个人岗位平凡，分工各有不同，但只要埋头苦干、兢兢业业就能干出一番事业。不要幻想平步青云，好高骛远、作风漂浮，否则也终究会竹篮打水一场空。

因此，提高执行力，必须发扬严谨务实、勤勉刻苦的精神，坚决克服夸夸其谈、纸上谈兵的毛病。无论是企业管理还是个人生活都要如此。真正静下心来，从小事做起，从点滴做起。一件一件抓落实，一项一项抓成效，干一件成一件，积小胜为大胜，养成脚踏实地、埋头苦干的良好习惯。

3. 善于创新，改进工作方法

创新是发展的灵魂，只有改革才有活力，只有创新才有发展。面对竞争日益激烈、变化日趋迅猛的今天，创新和应变能力已成为推进发展的核心要素。

　　要提高执行力，也必须具备较强的改革精神和创新能力，坚决克服无所用心、生搬硬套的做法，充分发挥主观能动性和创造性地开展工作、执行指令。在日常工作中，我们要敢于突破思维定式和传统经验的束缚，不断寻求新的思路和方法，使执行的力度更大、速度更快、效果更好。

4. 积极进取，增强责任意识

　　责任心和进取心是做好一切工作的首要条件，责任心的强弱，决定执行力度的大小；进取心的强弱，决定执行效果的好坏。如果一个人没有责任感，那他干什么事都不会积极主动，更不会尽心尽力。因此，要提高执行力就必须树立强烈的责任意识和进取精神，克服不思进取、得过且过的心态。把工作标准调整到最高，精神状态调整到最佳，自我要求调整到最严，认认真真、尽心尽力、不折不扣地履行自己的职责。养成认真负责、追求卓越的良好习惯，绝不消极应付、敷衍塘塞、推卸责任。

小　贴　士

　　目标与执行，就好比理论与实践的关系，理论给予实践方向性指导，而实践可以用来检验和修正理论。目标一经确定，执行力就变得尤为关键，因此，有效地执行是取得成功的必要条件，没有执行力成功便无从谈起。

2.3　制订计划，不打无准备之仗

　　销售计划是开展推销工作的行为规范，是指在目标制定的基础上设定具体的实施方案，为目标的实现提供具体方法。

2.3.1　制订销售计划的步骤

目标是预期实现的结果，是一个静态的过程，而计划是为实现这个结果需要执行的具体过程。因此，没有完善的计划，一切只能成为空谈。

案例

多尔弗，美国最顶尖的保险销售人员，他的业绩当时在全美最优秀，他每周要花1天的时间来做计划，每天要预留出一个多小时做售前准备工作。在没有做好计划和准备工作之前，他绝不会盲目拜访客户。不要以为这是浪费时间，正是因为有了完善的计划，才能使他一直保持高额的销售业绩。一次，一位销售新人请教多尔弗："多尔弗先生，您是怎样成为行业最顶尖的推销员的呢？"

多尔弗回答："因为我有切实可行的实施方案。"

有着"世界首席销售人员"美誉的斋藤竹之助，57岁才成为一名销售人员，70岁时被"美国百万美元销售人员"俱乐部吸收为会员，成为该俱乐部的终身会员，72岁高龄成为世界首席销售人员，这一切都源于他有一个好习惯。

我们来回顾他在62~72岁的一天生活安排：

5点：起床，制订当天的销售计划、销售方案，确定拜访时间。

6点30分：电话拜访准客户。

7点钟：吃早饭。

8点钟：到公司去上班。

9点钟：正式外出，拜访客户。

18点钟：下班，并安排第二天的新方案。

20点钟：开始总结、反省、整理一天的客户资料。

23点钟：准时就寝。

斋藤竹之助每天都这样，正是因为有了周密的计划，才使他能够始终保持很高的工作效率。

完善的计划是目标得以实现的保证，优秀的销售人员应该像多尔弗、斋藤竹之助那样养成制订计划的好习惯。销售计划，宛如军事战争中的作战计划，是在实施行动前的一系列准备工作。在军事战斗中，讲究知己知彼百战不殆，做销售同样如此，不打无准备之仗，对于一天、一周乃至一个月的工作要事先做好安排。

制订销售计划要按照一定的流程和步骤来进行，主要包括以下3个步骤。

第一步：分析客观环境，根据现状确定计划框架

制订工作计划前，目标无论多么美好，都有可能受到客观环境的限制而无法实现。因此，必须对计划的客观环境进行分析，就像打仗一样，在上战场前需要将战场环境、自身情况、武器、弹药、装备等调查清楚。

销售人员在制定目标时，应对当前的环境因素、资源因素有明确而清晰的认识，逐一分列，考虑到哪些对自身有利，哪些对自己不利，以便扬长避短，把这些优势资源运用到将来的销售实践中。

通常来讲，销售人员考虑的环境状况包括10个方面，如下表所列。

销售人员所处环境、资源优势分析的内容	
市场环境	本地市场消费人群的特性、现状以及变化趋势
行业环境	本行业在当地的发展、现状以及未来的发展趋势
竞争对手	竞争对手的情况和状态
客户状况	上下游客户的情况和状态
人力资源	企业的人员配备情况
渠道资源	企业的销售渠道和产品宣传投入
客户资源	针对的客户类型、当前所拥有的客户资源以及未来开发的潜力
可用现金流	企业的实力以及开发研究产品的能力
管理销售经验	企业管理人员的素质、自身的销售经验等
品牌资源	企业在行业中的影响力、美誉度；产品在同类产品中的地位和口碑

第二步：做好细节，完善计划的每一个条款

世界上没有大事，所有的大事都是由若干件小事组成的。只要认真做好了

每一件小事，整合在一起就成了大事。销售计划是对目标实施的具体规划，因此，要想实现总目标，必须关注每个细节，做好每一件小事情。

第三步：针对可能出现的意外做好补救措施

谁都想一帆风顺地把事情做好，但很多时候并没有那么多好运气。客户需求会随着市场变化而变化，在推销过程中，各种意外、变故随时都有可能发生。所以销售人员在制订计划时，还必须考虑到可能出现的意外，这时，计划就需要把可能出现的意外尽量考虑到，并罗列出来，进行分析，找出应对办法。

小 贴 士

　　一日之计在于昨夜，不是在于晨，晚上就应该做好明天早上的计划。一月之计在于上个月底，这个月底你就应该写好下个月要做的一切事情。一年之计在于去年年底，而不在于今年年初，今年年底你就应该写好明年要做的一切事情，在明年全部把它完成。

2.3.2　销售计划之客户拜访计划

客户拜访计划是销售计划的一个组成部分，由于拜访客户在整个推销过程中是一个不可或缺的环节，因此，很多销售人员往往十分重视客户拜访计划。

市场调查需要拜访客户、新品推广需要拜访客户、销售促销需要拜访客户、售后维护还需要拜访客户。然而，拜访工作却没有想象的那么简单，拜访量也不等于成交量，低质量的拜访做得再多也无济于事。仔细分析一下失败的原因，大多是由于销售人员没计划、没重点的拜访所致，对于这部分人，最有效的方法是制订周密的拜访计划，改善工作方法，规范工作流程，否则，推销工作依然不会有改观。

制订拜访计划是拜访工作的准备阶段。比如,区域选择、路线计划、产品资料、样品、辅助销售工具、相关资料、对情况的了解，以及可能出现的情况等，都要做到心中有数，才不至于到时候手忙脚乱。弄清这些才能保证自己在拜访时有备无患，所以，我们有必要知道一份完整的拜访计划都由哪几部分组成。

　　拜访计划通常由 4 个部分组成。

客户　　　　客户需求　　　产品　　　　至少两种以上
拜访记录表　分析报告　　　资料及样品　的合作方案

1. 客户拜访记录表

　　客户拜访记录表是记录销售人员拜访客户一系列行为的表单，如拜访人、拜访时间、客户情况以及其他等。做好客户拜访记录有利于提高拜访率，同时也可对目标客户进行科学的管理。客户拜访记录单模板如表所列。

客户拜访记录表（一）			
客户公司 / 个人名称：			
客户公司 / 个人地址：			
拜访人：		拜访时间：	
拜访次数：		拜访日期：	
携带资料使用情况			
拜访要达到的目的			
公司概况		个人概况	

客户拜访记录表（二）			
公司类型／规模		性格类型	
业务类型		客户联系方式	
销售员联系方式		需求量大小	
需求量		对产品的要求	
对产品的具体要求			
拜访达成的意向			
客户对产品的反馈			

2. 客户需求分析报告

客户需求分析报告即在对客户了解的基础上，对客户需求进行分析、预测和判断而得出的总结性文字。撰写客户分析报告有利于对客户需求进行定位，明确客户需求大小，为未来的合作铺平道路。

由于这类报告是一种非正式的文字材料，因此往往没有严格的撰写规则和要求。根据我的经验，只要能够重点解决五大类问题即可。五类问题如下图所示。

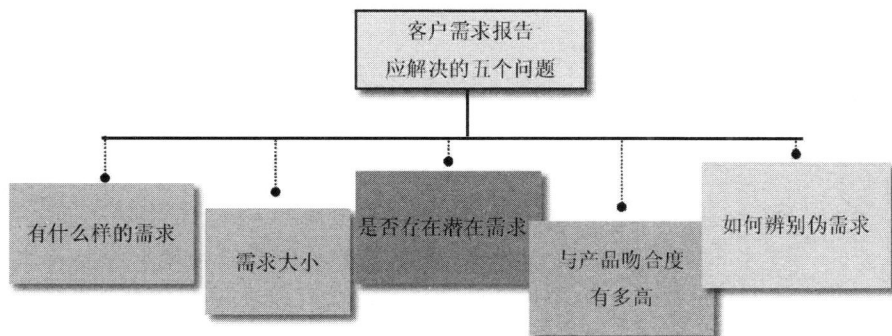

客户需求报告应解决的五个问题
有什么样的需求　需求大小　是否存在潜在需求　与产品吻合度有多高　如何辨别伪需求

3. 产品资料及样品

　　拜访中可能用到的产品资料，如宣传资料、价格表、样品等要提前准备好，并且要尽可能地熟悉这些资料，以防由于不熟悉给客户留下不良印象。

4. 至少两种以上的合作方案

　　拜访客户不能只带着耳朵去，而应带着合作方案去，最终目的在于帮客户解决问题。所以，拜访计划中一定要包括合作方案，针对客户存在的需求至少有两个以上方案可供选择，合作方案是拜访计划的核心，一定不可忽视。

　　小　贴　士

　　　制订销售计划是一项综合性的工作，一着不慎，全盘皆输，因此在制订销售计划时还应该注意一些具体事项。比如，要突出重点，即重要的事项和急待处理的事项优先编入计划；要留有余地，即要有机动时间；恰当安排时间，尽可能预先约定见面时间，对拜访时间的长短要控制好等。

2.3.3　销售计划之工作进度表

　　制定工作进度表有利于监督工作进程按照预设计划进行，而且，通过这个制定过程，可以使每个人在短时间内对本职工作的性质、任务、责任、相互关系有一个清晰的了解；也可以及时地发现该项工作所需具备的知识、技能及其他信息。

　　案例

　　王茜和小杰是刚刚走出校门的大学生，毕业后一起来到某公司做推销员，主管给他们上的第一堂课就是：每天坚持写工作进度表，把自己一天做的工作记录下来。

　　王茜坚持按主管的要求去做，把每天所做的访问详细记录下来。在写日记的过程中，她不断总结以往的工作经验，并根据实际情况调整自己的工作方法。

一段时间后，工作得到极大的改善，比如，在刚来的一个月中，她每拜访29个客户才能做成一笔生意。后来每拜访25个客户成交一次，半年后，平均每拜访3个客户就能成交一个订单。

与王茜相比，小杰在这方面做得就比较差。当初他认为这样做浪费时间，每次只是随便记录一些东西应付差事。后来干脆中断了，每天只是一味地去拜访更多的客户，但命运似乎在捉弄他，拜访的越多业绩反而下降。

一次，他在与王茜交流中得知，王茜每拜访一次客户都会把拜访的情况详细地记录下来，这说明失败后善于总结，总结后再去拜访，成功的概率就会大大增加。小杰终于明白了一个道理，正是自己毫无计划、毫无目的地拜访才得到这个结果。

可见，制订工作进度表是做好工作分析的前提。对于经常在市场一线摸爬滚打的销售人员来说，若想把握变幻莫测的市场，抓住不断变化的客户需求，就需要时时刻刻对自己的工作进行分析、总结。

在实践过程中，制订一份完善的工作进度表可以分8个步骤，具体如下表所列。

制订工作进度表的步骤	
计划拟订阶段	
第一步	认真学习、研究领导的有关指示，彻底领会精神，确立工作大方向
第二步	结合本单位、本部门以及岗位的具体情况，确立工作细则
第三步	根据上述情况，确定工作的基本内容、任务、要求
第四步	再据此确定工作的具体办法、措施，以及具体实施步骤
第五步	根据工作任务的需要组织并分配力量，明确分工
第六步	避免发生问题时陷于被动，应对未来工作中可能出现的障碍、困难、偏差进行预测和评估，确定克服它们的办法和措施
计划实施阶段	
第七步	交给上级部门讨论，批准后执行
第八步	在实践中进一步修订、补充和完善计划

一般而言，工作分析的内容包括 5W+1H，分别是 What、When、Where、Why、Who、How。计划的 5W1H 如下图所示。

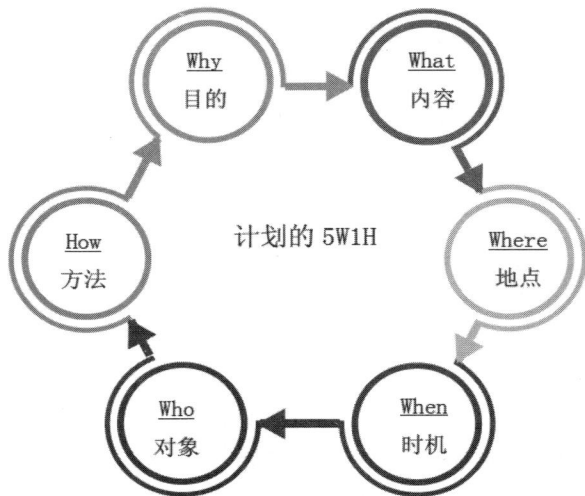

工作进度表一经制定并经批准，就要坚决贯彻执行。在执行过程中，还需要销售人员根据工作的实际情况或遇到的问题加以补充、修订，使其更加完善，更加切合实际。

在制订工作进度表的过程中，需要注意 3 个要点。

1. 不断完善工作

工作进度表，顾名思义，就是随着工作的不断进行和深入，来逐步完善和改进的一种工作方式。所以，很多时候在工作没有深入到某一层面之前，就无法对其进行评判和分析。从这个角度来看，销售人员需要随时观察，随时总结，逐步完善。

2. 对事不对人

工作分析针对的具体工作，是关于工作、岗位的相关信息，如工作职责、任务内容等。但是，很多销售人员在工作分析时出现了偏差，不是针对工作本身，而更多的是针对工作中的人。分析对象出现了偏颇，势必会影响进度表的科学性和合理性。

3. 不能任意夸大或弱化

在工作分析过程中，有些销售人员为了突出该岗位的重要性，故意增加岗位的工作内容和强度，或者是出于不自信，有意回避该岗位的责任，遗漏一些工作内容。这样脱离实际的工作分析，往往不能真实地反映工作中存在的问题。因此，在制订工作进度表的过程中，要如实对该岗位工作内容等进行反馈，准确真实地反映该岗位的情况。

小 贴 士

工作进度表对销售人员的工作改进，效率提高有非常大的作用。通过工作分析，能增强销售人员，尤其销售新人对销售行业的领悟能力和对工作的分析能力，从而在本职工作中尽心尽职，努力工作。

2.3.4　销售计划之销售日记

日记是将自己所见所闻、工作经验，用文字的形式记录下来。正如一位同仁所说的：记录过去，承载未来，它不仅是你足迹和行为的印证，同时，也是你思想日臻成熟和提升的记载，是一部个人发展的"史记"，记录了你的过去、今天和未来。

写工作日记的好处在于，让自己的工作经验能够循环使用，从而形成自己思考问题、解决问题的思路和方法。

案例

以前我做销售时，每天回到公司后都把一天的感触记录下来，短则百十字，长则上千字，有的直接写成了文章。后来在一些媒体上也都发表了，反过来，它又极大地刺激了我继续写下去的决心和信心。如果说今天我取得了一些小成绩，说句心里话，跟做营销时所写的大量工作日记有很大关系。它促进了我更快地进步，迈向更高的阶段，获取更大的施展平台。

从零开始做销售
——销售新手不可不知的销售技巧

日记，是一种经验的归纳，思想的升华，对实际工作有极强的指导作用。对于销售人员来讲，工作日记就是自己某一段时期对工作和生活的感悟。一般来讲，工作日记所记录的内容比较随意，可以是工作方面的，也可以是生活方面的。

虽然是日记，但不意味着就可以写成流水账。比如，7点起床，7:30吃早餐，8：00上班拜访客户等。这种记录方法对工作没有实质性的提高。我认为，应该写一些工作得失、生活感悟，以及对未来发展有启发和借鉴的东西。

销售人员可以借鉴以下内容来写工作日记：

工作日记分为两大部分，即工作和生活，工作层面是理性的记录，记录你具体的工作事项，成果如何，遇到什么困难，需要公司的支持等；生活层面是感性的记录，一天的工作或工作之外，对销售工作的体会和感悟，更多的是一种情感和思想的表达。

1. 当天的主要工作

是拜访客户，还是开发客户，还是协助客户铺货、理货，或者是调查市场，了解竞争对手，或者是帮助客户策划、实施促销活动，或走访终端，深化合作，或与客户一道解决下游客户的疑难问题，或下达公司刚刚签批的销售政策等。

2. 工作完成情况

在我们的工作日记里，最好要有每天的销售记录累积表，即把每月的目标，分解到每一天，并罗列出计划进度应该完成的数量，实际完成的数量，是欠了还是超了，实际完成比率，有没有跟上计划进度等。

3. 自我评价

这是对自己一天工作的评价，这部分可以回顾一天工作的过程，比如，有哪些工作做得有价值、有意义，哪些方面做得不到位，甚至压根儿就是失败的，哪些是需要在接下来的工作中改进的。

成功的经验可以写成案例总结出来，让自己在下次工作中受到启发或有所借鉴。失败的地方也要通过现身说法，勇于揭丑，做出警示。

4. 工作经验总结

这部分可以说是日记的"连体"，既可以在日记当中"附属"体现，也可以成为单独的一篇文章。这部分是对自己未来发展最有价值的，也是最容易出彩的，因此需要用心构思和撰写，写出自己的观点和实操步骤、方法。必要时可采用一些表格、公式表达，尽可以画出来、写下来，它可以成为我们淬炼思想和理论体系的阵地。

5. 生活感悟

有些销售人员在写了一段时间的工作日记或日志后，发觉每天就是那些事，写着写着就变得乏味了，甚至厌烦了或者就此中断。其实，处处留心皆学问，只要你用心，每天都可以找到一些新颖的点来：天气的变化多端、复杂的人间百态、方案的出奇制胜、产品的推陈出新……小到绿树红花，大到国家形势政策，只要与我们的工作和心情有关的，都可以一一写下。

但是，工作日记与工作计划存在着本质的区别。工作计划是根据企业需要，记录每天所做的工作，比如，所要拜访的客户，拜访时间，主要工作事项，拜访的结果，或者其他与工作有关的记录等。

而工作日记的写作格式与普通日记一样，也包括"年月日""星期"和"天气"三大部分。"年月日"记录的是你工作的日期，工作日记还包括每天工作的开始时间，结束时间。它是一种时光的印痕，说明在你记忆的长河里，还曾有着跌宕起伏，喜怒哀乐，它就在你"历史"的深处。

"星期"的填写，则表示你敬业的程度。销售人员不要把自己的工作和休息分得太开。"赢在别人休息时"，业务生活化，生活业务化，能在星期六、星期天工作的销售人员，一定比不上班的销售人员的业绩要好。销售，有时比拼的就是时间和精力。

"天气"的填写，则从侧面表示无论天气如何变化，你都能风雨兼程，无论阴晴雨雪，你都能振奋精神，阔步前行，而不是因为天气的变化，心绪、行为不定，甚至偷懒耍滑。

当然，我们最好给日记添加一个标题，也就是日记的主题，这其实相当于一篇营销短文了，这也许就是未来你撰写文章的一个雏形或"原材料"吧。

小 贴 士

　　把自己每一天、每一周、每一个月的目标都记录下来，按部就班地完成。只有把目标细化，才能够令自己切切实实去做，才能离最终的目标越来越近。如果你心中只有一个模糊的概念，即使再大也只能是一个梦。

第 3 章

做销售就是做关系：
积极开发客户并维护好关系

销售人员的业绩来自客户，没有足够的客源销售就失去了赖以生存的保障。因此，开发客户，并有效地维护与对方的关系，是销售人员工作的重中之重。然而，这也是销售活动中最难做的一个环节，成为制约销售人员进一步成长的"瓶颈"。

3.1 寻找客户，客源是做好销售的核心

客户是做好销售的核心资源，没有客户很多事情都无从谈起。而对于销售新人来讲，最难的也许就是寻找客户。其实，在客户寻找上有很多渠道，只要能充分利用，就可以挖掘出大量客户。

3.1.1 通过电话寻找新客户

电话，具有省时、省力、方便、快捷的特点，所以成为销售人员寻找客户、维护客户关系的最主要工具。现在越来越多的销售人员倾向于用电话与客户进行沟通，尤其是那些不便于直接接触的客户，只要知道对方的联系方式即可进行隔空对话。

☆ 案例

某服装厂推销员王静轩新加入企业，主要向各省市大服装代理商推销服装。第一次做销售，手中客户资源有限，如何获得更多的客户成为摆在她面前的最大问题。

她每天除了拜访本地的一些经销商外，就是给外地的客户打电话，为此她想到了一个独特的方法，即通过相关报纸、杂志、企业网站，以及各地的中小企业协会等获取客户电话号码，无论是个人手机，还是公司招商电话、客服电话，她都一一收集起来，整理成册，加以运用。

当然，这里有很多无效电话，毕竟很多不是要找的目标客户，但是经过认真筛选还是可以保留一大批可能成交的准客户的。加上她的沟通技巧出色，即使不能成交也能间接地接触不少有效客户。

一天，她通过某公司的客服人员联系上了董事长：

王静轩："您好，我是×××公司，是姚经理吗？"

做销售就是做关系：积极开发客户并维护好关系

"×××欢迎你的光临。"她一听便知道这是公司总机，响过两声之后，一个婉转的女声传来："您好，董事长办公室。"

王静轩："你好，我是王静轩，我想找姚董事长。"

秘书："董事长不在，请问你找他有什么事？"

王静轩："我是×××公司的王静轩，有一个重要的合作项目要跟他谈。"

秘书："董事长正在召开会议，有什么事先跟我说吧，我一会儿转告。"

王静轩："是关于生意合作上的事情，我想还是亲自跟他谈比较合适。"

秘书："那你下次再打过来，好吗？"

王静轩："这件事耽误不得，否则我们可能都要承担责任，也包括你。"

秘书："那我先给你转接一下，看姚总现在回来了没，请稍等。"

不到一分钟的时间，姚总的电话就接通了，看来，刚才秘书撒了谎。找到目标客户，谈起来就会简单得多。后来经过进一步交流，双方最终达成了合作协议。

由上述案例可知，电话沟通是寻找客户的一种重要方式。在当今商业活动中，80%的沟通都离不开电话，在前几节，我们也讲过销售中很多环节都是通过电话在沟通，本节重点谈论如何通过电话沟通来挖掘有效客户。

对绝大多数销售人员来讲，在客户资源积累的初期阶段，最有效、最便捷的方法就是搜集客户电话号码，然后通过电话沟通进一步与之建立起相互信任的关系。与此同时，一些问题也出现了，由于很多销售人员不注意方式方法，将电话拜访做成了"电话骚扰"，最终落下个骚扰的"罪名"。

被认为是"骚扰"，这是大多数销售新人当前电话拜访时遇到最多的一个问题，也是困扰销售人员顺利开展工作的一大障碍。因此，电话拜访的首要工作是在客户心中建立起基本的信任，让客户愿意接自己的电话。

以下 4 种方法是瞬间拉近关系的通话技巧。

1. 套近乎

当你拨通电话，发现对方不是目标客户本人时，往往会被接电话的人以各种理由拒绝，这时千万不可直接挂掉，而是要想办法让对方成为你与准客户之间的桥梁：为你传递信息，或者直接帮你找到目标客户。

比如，你给某企业老总打电话，通常会被秘书拦住，你该怎么说呢？

销售人员："你好，请问是××公司吗？"

秘书："是的，请问有什么可以帮您的？"

销售人员："我是××公司的李总，请转王大雷，有些业务上的事情需要马上商量。"

销售人员受到"第三者"的干扰时，要善于利用业务关系和目标客户套近乎，提到业务，提到合作伙伴，就相当于给对方一个无法拒绝的理由。

2. 故作熟悉

陌生是客户拒绝你的重要原因，换句话说就是，只要彼此熟悉起来就可以轻松取得客户的信任。因此，销售人员在开始时尽量给对方营造一种熟悉的氛围，让客户产生似曾相识的感觉。

销售人员："××小姐，您好，我是××服装制造公司的李明，不知您还记得我吗？"

客户："你是？"

销售人员："半年前，您曾咨询过我们公司。"

客户："你打错了吧，我没有从你们那里订过货啊！"

销售人员："不会吧，难道是我记错了？真不好意思，能冒昧问一下你是做服装生意的吗？"

客户："是。"

当客户回答"是"之后，就很容易切入正题了，而且不要害怕对方再次直接拒绝你。因为你已经明确地知道对方的真实情况：是做服装生意的，这只不过是欲擒故纵之术。一个生意人出于职业敏感性自然会与你进一步交谈。

3. 故伎重演

故伎重演就是在遭到客户拒绝之后，再次寻找合适的机会打过去，这虽然看起来有些"老赖"的味道，但足以显示出你的诚意，俗话说，出手不打笑脸人，当你怀着满腔真诚多次拜访时，对方也会给你机会的。

> 销售人员："你好，是××小姐吗？我是化妆品推销员，打扰了，我们公司×月×日在××地做一场新产品推广发布会，希望您能光顾。"
>
> 客户："我现在很忙，没空。"
>
> 销售人员："那我一个小时后再联系您，谢谢您的支持。"
>
> 一个小时后。
>
> "××小姐，你好！我姓李。刚才您让我一小时后来电话的……"

你挂断电话，一个小时后，再主动打过去，如果对方仍表示很忙，没时间，你仍可以采取这种办法，一段时间之后，再次拜访。

4. 直截了当

有时候，直截了当反而可以取得更好的效果，不过，在使用这种方法之前，需要明确客户需求。

> 销售人员："××小姐，您好，我是李明，我们公司针对年轻的职场人开办了职业技能培训，希望您了解一下。"
>
> 客户："培训？都有什么课程？"
>
> 销售人员："我们的课程是专门针对年轻职场人而设置的，肯定能满足不同需求的人，我知道，像您这样的人需要不断地学习新知识，新技能……"

小 贴 士

在电话沟通越来越普遍的同时，也应该注意到这种方法的缺点，即沟通时无法正确地把握对方的心理活动，从而使得说服力大打折扣。因此，在电话中与客户沟通一定要加强说话的技巧性，把自己最好的一面传递给客户。

3.1.2 通过网站、社交工具寻找新客户

办公室有电脑，家里有电脑，即便无暇上网的人也时不时地要用手机浏览网页，随着互联网的日益普及，无论是工作、学习还是生活、娱乐，每个人都已经离不开网络。对于销售人员来讲，正好可以充分利用网络资源来寻找客户。网络有一个最大的优点，那就是不受时间、地域的限制，就能及时掌握最新的一手资料。

⭐ **案例**

小颜开了一家淘宝网店，自己既是老板又是一线推销员，专门推销化妆品、香水、各式精致小提包等女性用品。为了扩大客源，打开网络这条路，她把产品上传博客、论坛上，以及某些特定的网站上并大力推广，顺带附加一些图片、信息。

她发现每天都有不少人发表评论，灵机一动，何不利用这些机会与他们展开互动呢？在互动中，她尽量让对方留下QQ、微信、手机号之类的联系方式。一天，她在论坛的评论栏上看到一位客户对自己的产品十分感兴趣，并留下了邮箱地址，于是她主动给这位客户发了一封E-mail（电子邮件）。对方了解了产品的信息和付款方式之后，要求订购一批货，小颜便按照客户提供的地址邮寄过去。

从此之后，她在论坛上的影响力越来越大，经常接受一些消费者的咨询，电话多起来，QQ、微信上也会有很多陌生人添加。通过这些方法，她的客户越来越多，每天足不出户就可以拿到不少订单。

年轻人、城市白领这一群体，他们更倾向于方便快捷的线上消费，线上购物已经成为他们的重要消费方式，若能很好地抓住这部分客户，可以获得大量的潜在客户。因此，销售人员也要转变观念，善于利用网络平台、社交平台、APP

等寻找潜在客户。

1. 利用 QQ、微信等社交工具

随着互联网的发展，QQ、微信等社交工具已经成为人们生活中一种重要的沟通工具。QQ、微信上聚集了一大批各行各业的人，他们都是这些社交平台的忠诚用户，生活、工作、学习处处离不开。因此，在这类平台上往往可以找到大量潜在客户。

另外，通过 QQ、微信还有利于与客户进行沟通，对客户进行管理。因为沟通双方都处在一个虚拟的世界里，少了一些陌生感，能够很好地与客户展开交流。

2. 利用行业网站

利用网站了解客户信息，是销售人员首先想到并引起重视的。网站是客户与外界沟通的一个窗口，比如，某个行业专门性的网站，组织机构的网站，或者是企业专门性的网站等。这些网站里都蕴含着大量的信息，一般来讲，类似的网站有以下几种。

①各行各业的行业网站；

②全国中小企业协会，各个地方的企业协会，或者自发组织的企业联合会等机构组织网站；

③某些收费网站，比如 B2B 网站；

④大黄页网站、工商目录；

⑤国内外的商业论坛。

3. 利用网络论坛

当前，网络上有很多免费的综合性、专业性论坛，浏览量非常大，是一个互动交流的重要平台，其中不乏很多潜在客户。而且发布、审核等程序都比较简单，销售人员完全可以利用这些便利宣传自己的产品，并且鼓励浏览信息的人做出评论，提出建议。

通过这些评论能了解他们对产品的看法，从而寻找到潜在客户，通过此平台可以让销售员与客户之间建立起更有效的互动，对于日后的销售非常有效。

小 贴 士

网上找客户成为众多销售人员拓展生意的重要渠道，但应注意的是，网络中鱼目混珠，素质良莠不齐，动机不纯的人比比皆是，为了避免造成不必要的损失，在交易前还需要认真鉴别，最好多创造一些双方见面的机会，以加深了解。

3.1.3　通过老客户推荐寻找新客户

经常有销售新人问我，既要维护老客户，又要开发新客户，如果在老客户身上花费的时间、精力比较多的话，就会耽误开发新客户，该怎样协调这个矛盾呢？我听到这个问题后，觉得他们把新老客户的界限划分得过于清晰了，开发新客户的目的无非就是延续业务，而业务的延续不一定都要由新客户来完成，老客户一样可以完成。

有的销售人员每做完一单生意就像重获新生似的，头也不回地去寻觅下一个客户，周而复始，不但很辛苦，收获也不是很大。我做业务这么多年，积累了不少老客户，而且我们相处得很好，如同朋友、亲人一样，完全超越了双方之间纯粹的利益关系，他们常常主动打电话向我推荐新客户。我认为，一个老客户抵得上十个、二十个新客户，但有一点十分重要，那就是你要学会俘获客户的心，当对方心有所属时，自然会信任你、认可你。

如果老客户认可你，认可你的产品，那么，他们更愿意把这份认可与身边的亲戚、朋友分享。

★
案例

事情是这样的，当时我将最好的一款理财业务推荐给客户王女士，几天后她打电话跟我讲，"你有没有接到我朋友××的电话？我向她推荐了你的产品，她十分感兴趣。"

我："暂时还没接到。"

王女士："是吗？这是我电厂的一个朋友，她的需求量十分大，你要好好把握哦。"

我："王姐，谢谢您的推荐，这样吧，我回头马上联系您的朋友。"

王女士："也好，我给你她的联系方式，姓刘，到时候你就说你是我的朋友就行。"

一番感激的话过后，我挂掉电话，却没有马上联系对方，毕竟是第一次合作，不敢贸然行动。

没想到，一会儿的工夫，王女士打过电话来："小杜啊，我跟朋友谈过了，他们决定去你们公司考察考察，你们自己商量个时间决定一下吧。

我："王姐，真是太谢谢您了，我马上约定时间。"接下来的交易就顺理成章了。

事实证明，这样的交易也是最容易成交的，这说明，如果有老客户在其中牵线搭桥，会大大增加成交的概率。从侧面也反映出一个事实，老客户在业务活动中起着重要的作用。利用老客户的牵线搭桥来认识新客户，是取得客户资源最便捷的一种方式。那些忽视老客户的销售人员，眼睛总是盯着前方，绞尽脑汁儿开发新客户，却没有好好利用身后的老客户，未免有些顾此失彼。

让老客户成为你的推销员、宣传员，省时省力，何乐而不为呢？然而，并不是所有的老客户都愿意给你介绍，我认为，至少要具备下图所示的5个前提条件。

那么，怎样才能让老客户为自己介绍新客户呢？

第一，关心客户，奠定感情基础是必不可少的条件。销售人员与客户之间，并不是简单的钱钱交易，更多的是感情上的交会融通，销售人员与客户之间只要以诚相待，就一定能获得老客户的回报。

第二，为客户提供最好的产品或服务。试想，如果你是一个消费者，当你发现某产品无论是质量还是服务，都非常好，你会不会向自己的朋友、家人推荐呢？肯定会。这说明一个道理，让客户对你产生回报之心的有效方法是，你要时时刻刻为客户着想，为客户提供最好的产品，最好的服务，让客户用得放心，用得舒心。

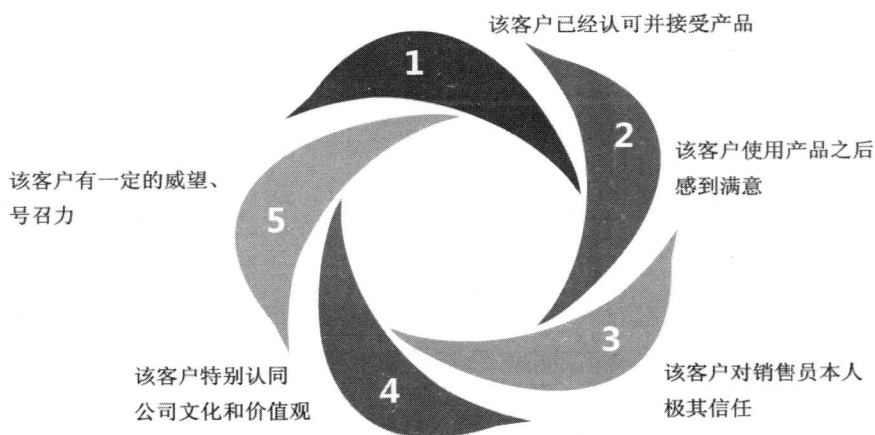

该客户已经认可并接受产品

1

该客户使用产品之后
感到满意

2

该客户有一定的威望、
号召力

5

3

该客户对销售员本人
极其信任

该客户特别认同
公司文化和价值观

4

第三，对于一些特殊客户，则需要采取有针对性的措施。比如，有些客户爱出风头，喜欢表现自己，你就要想方设法，创造一切机会满足对方的虚荣心，在公司召开客户答谢会，让他作为客户代表上台讲几句话，送他一些小奖品、纪念奖之类的东西，总之，多给对方表现的机会，满足对方的心理。只有让他们的心理得到满足，他们才乐于与你分享。

第四，大胆要求对方介绍，只要张嘴就有 50% 的机会。很多销售人员总是不好意思开口，从而失去了不少机会。不要指望客户主动为你介绍，这种机会是可遇不可求的，想让别人帮忙，自己的嘴要勤快些。

小 贴 士

老客户是一种取之不尽、用之不竭的资源。让老客户为自己介绍新客户，是销售人员必须掌握的一种技能。只要掌握了这种技能，就可以让老客户更好地为自己服务，使我们在营销路上真正实现循环推销。

3.1.4　通过参加展会寻找新客户

近几年，国际、国内的展会可以说是渐乱迷人眼，有综合性的，也有专业性的，一个展会就是一个行业交流的平台，比如，每届定期举办的广交会、京交会，都比较有影响力，不仅为商家提供了诸多产品展示，扩大品牌影响力的机会，还有一个更重要的作用：积累客户资源。

因此，不少企业在参展的同时会专门委派自己的业务员，去与同行做交流，以获得未来更多的合作机会。

☆ 案例

在一次电子产品展销会上，琳琳作为代表参加了本次展会。她提前半小时来到了会场，目的是熟悉熟悉环境，了解一下参展客户的基本情况。

距展会开始还有10分钟左右，客户们陆续来到会场。这时，一位穿着浅灰色西装，白色衬衣，黄色领带的人四处张望，似乎在寻找什么。琳琳前去主动搭讪："先生，有什么需要服务的吗？"

"请问3号展台怎么走？"

"你是说，××品牌电脑展示厅吗？"

"对。"

"请跟我来。"说着将他带进会场，并安排在最前排的座位上。

这时，对方主动将名片交给琳琳，并做了自我介绍。原来对方是电脑代理商，此行是考察市场，正在寻找更多的品牌代理。

接下来，琳琳连续接待了多位客户，并把他们一一领到预定的位置，并趁机与客户交换了名片。不到半天的时间，她就获得了五六十张客户的名片，而且都是货真价实的有效客户。

可见，参加展会也是搜集客户信息的一种途径，目的性强，针对性强，而且能够保证获得的每一位客户几乎都是有效的。不过，任何事情都没有想象的那么简单，即使你面对很多客户，对方也不会主动来找你，为此我们需要掌握一些参展的技巧。

从零开始做销售
　　——销售新手不可不知的销售技巧

1. 了解客户的参展目的

　　会展销售与其他销售存在着很大区别，由于受时间、空间的限制，参加会展的人员必须符合一定的条件，包括参展商、客户、用户和其他相关人员。因此，在会展举行之前，销售人员应提前做好参展人员的调查工作。

　　机会是留给有准备的人，做展会之前一定要对参展客户有一定的了解；正式邀请客户；了解客户参展人数；了解客户参展的主要目的；针对环境准备好沟通话题、拟好自己想询问客户的问题。

2. 熟悉周围的环境

　　熟悉环境的目的是充分利用会场气氛与客户建立关系，举办展示会销售人员往往第一时间就知道了周边的环境，熟悉了自己的客户，所以说，销售人员首先占据地利的优势，如客人从哪里来，会去什么地方，站在哪里才是最醒目的，就可以真正做到眼观六路，耳听八方了。

　　利用展会和技术交流来与客户建立联系、取得订单是非常有效的销售形式。这样，一方面销售人员可以通过展会来完整、全面地介绍公司，取得更多新的客户资源；另一方面，来自四面八方的客户参观公司的展台，可以形成群体效应，互相感染，带动销售。

3. 在展会中做好宣传工作

　　例如，场内宣传海报、电视宣传片、展位内一些精致的能由自己人完成的小活动，还有一些简单实用的小赠品，都可以产生不错的口碑效应，加深客户的记忆。至于外发传单，最好有目的、有针对性地外派，否则容易受打击，且效果不明。

小 贴 士

　　在展会中搜集信息，销售人员要学会随机应变，展前得到的信息难免有所缺漏，无论你的计划多详尽，也不可能考虑到所有情况。因而，在展会上一定要随机而动。

3.2　拓展关系，用好人情术，打好情感牌

我时常问学员，你从事什么行业？有的说从事房地产，有的说从事 IT，有的说从事商贸。我告诉他们你们都错了，我们每一个人都在从事人际关系经营。销售离不开人际关系，经营好人际关系，推销工作就会顺利得多。

3.2.1　加强与客户的来往

销售人员与客户的关系就像恋人，不能只在有所需求时才想起对方，更不能指望约会一两次就要对方嫁给你。做业务与谈恋爱是一样的道理，双方的交往需要一个循序渐进的过程，平时经常给对方打打电话聊聊天，问候一下，诚意到了自然水到渠成。

良好的人际关系对销售起着很大的促进作用，那些成功的销售人员之所以能取得好业绩，关键是他们在与客户长期来往中已经建立起牢固的友谊。

案例

乔·吉拉德与每一位客户都保持着密切的来往，可谓是倾注了大量心思，他最常用的一个方法就是给客户寄贺卡，这些贺卡只有简单的祝福和问候。比如：

1月，送上一幅精美的、喜庆的贺卡，同时配几个大字"恭贺新禧"，下面署名："雪佛兰轿车，乔·吉拉德上。"

2月，是关于情人节的贺卡："请你享受快乐的情人节。"下边依然留有简短的签名。

3月，贺卡上写的是："祝你圣巴特利库节快乐！"（圣巴特利库节是爱尔兰人的节日）

接下来，4月、5月、6月……每个月客户都可以收到类似的贺卡，他这样做的结果是，每到节假日，很多客户就会问"雪佛兰轿车的乔·吉拉德有没有贺卡？"

不要小看这几张贺卡，它所起的作用并不小，正是这些小小的贺卡拉近了他与客户之间的心理距离。乔·吉拉德从来不说"请你们买我的汽车吧！"但是却能给客户留下最深刻、最美好的印象，当这些潜在客户有需要时，首先想到的就是经常送贺卡的乔·吉拉德。

案例中乔·吉拉德正是通过"关系"获得订单的。销售人员卖的不仅仅是产品，而是对客户的人情关怀，对客户关心得越多，越容易被认可。尤其是当客户遇到困难时，如果你能及时地表达自己的关心，并送去实实在在的帮助，就会让对方感到有人在关心自己，尊重自己。

很多销售人员失败的原因就在于双方缺乏信任，未能建立良好的、长期的合作关系。

对于销售人员而言，重要的不仅是当前利益，而是客户关系，即使对方当前无法与你交易，也有必要与对方保持联系。所以，与客户保持良好的往来应谨记以下两点。

1. 有效利用电话联络

要与潜在客户建立关系，首先需要联络上潜在客户，再用正确的方法进行有效的事先预约。通常情况下，预约潜在客户的方法有电话、电子邮件、上门推销或第三方引荐等。电话是现代生活中最为普遍的通信方式。在预约过程中，电话是联络潜在客户的基本工具；通过电话联络潜在客户，需要掌握必要的电话沟通技巧。

2. 定期登门拜访

定期拜访是加强与客户来往的重要方式，也是最有效的方式。为什么要定期拜访呢？又该什么时候拜访呢？

根据人的记忆曲线发展规律：人与人在第一次接触之后，24小时内就会逐渐淡化，因为 24 小时是人记忆下降最猛烈的区域。一过 24 小时，你给他留下的第一印象基本上就不存在了。接下来，3 天后又是记忆上的一个极限点，不同的是这次时间保持得长久一些。当对方提起你时，可以想起"哦，你是 ×× 公司的小冰吧，我记得你上次传来的资料还在这……"接下来的 7 天后，又是一个重要的点。

通常情况下，如果以一周为一个周期的话，至少要 4 次拜访，分别为周一、周二、周五、周日，这四个点是记忆的低潮点，我们定期地给客户刺激，可以很好地让客户保持对我们的记忆。

小 贴 士

现代商场 80% 的业务是通过交情关系完成的。现在竞争都很激烈，在同样质量、同样价格、同样服务的情况下，若想赢过对手，只有凭交情了，如果你比对手更用心地对待客户，和客户结成朋友关系，谁还能抢走你的订单？

3.2.2 亲自登门拜访

据美国推销协会统计，绝大部分推销的成功需要拜访 5 次以上，而 48% 的销售人员 1 次就放弃，25% 的人 2 次放弃，12% 的人 3 次放弃，5% 的人 4 次放弃，只有 10% 的人能坚持 5 次以上。这个统计数据告诉我们，通过一两次拜访就达到目的的人少之又少。

搞好客户关系离不开亲自登门，亲自拜访客户会给他们带来心理上的极大满足，同时也能大大增加对方对自己的认同感。因此，销售人员要想方设法增加与客户直接会面的机会，尽管你与对方保持着紧密的电话、邮件联系，也要抽出时间去登门拜访。比如，在客户的生日，或者有特殊纪念意义的日子等登门拜访，效果会更好。

案例

我对大量销售人员做过研究，得出一个结论：80％的销售人员在推销中都有急功近利的心态，总想一次就签单成功。怀着这样的心态，成功的概率非常小，结果就是遭到客户无情的拒绝。

随着与客户会面次数的增多，客户对你的好感也会不断上升。为什么要经常上门拜访客户呢？这是因为拜访是一项复杂的系统性工作，需要按流程走，不可能一次就完成。因此，每次拜访都有不同的目的，比如，礼节性的拜访、产品说明和演示、签单促成、收款、售后服务、抱怨处理和索取介绍等。第一次拜访往往是礼节性的，目的在于拉近双方的关系，建立情感；而后再次拜访才可能正式推销；而推销成功之后不可能万事大吉，还需要做好售后拜访工作，提高客户的满意度。

只有重复足够的次数，才能打动客户，因此，销售人员需要对每次销售的目的做好事先规划，明确拜访的目的。从第一次接触到促成签单大约要经历5个步骤，销售人员要分步骤走，每一次拜访解决一个问题，达到一个目的，按流程操作，成功的概率就会大大增加。下面我们来了解一下上门拜访的5个常规步骤。

| 自我介绍 | 初步沟通 | 产品介绍 | 达成交易 | 提供售后服务 |

第一步：介绍自己

拜访客户中，自我介绍非常重要，良好地介绍自己会加深客户对你的印象，强化客户的记忆。不过，在介绍自己时要注意3点：简单、清楚和自信。

第二步：初步沟通

这是建立双方情感基础的重要一步，也是决定接下来的谈判能否顺利进行的主要因素。首先要与客户打招呼，用语言、目光、笑容等全方位充分展现自己的热情、真诚。这个阶段重在沟通，而并非推销，你的态度非常重要。

第三步：介绍产品

产品介绍是客户拜访的重中之重，介绍产品的工作做得如何将直接决定本次拜访的成败与否。介绍产品时要注意 4 点：简洁、参与、比较和价格。

简洁：客户留给我们的时间是有限的，介绍产品时一定要言简意赅，突出产品的重点。

参与：介绍产品过程中应尽量让客户充分参与进来。

比较：同类产品之间做比较才能体现出自身的优势。

价格：价格是成交的关键因素，客户对价格是最敏感的，因此处理好价格问题非常重要。

第四步：达成交易

如果前三步进行得比较顺利，那么成交就只是时间问题了。不过，在成交前销售人员要注意 3 点：体现自己的专业性，为客户解疑答惑，简单陈述产品给客户带来的好处，让客户感觉自己选择的正确性。

第五步：提供售后服务

作为成交的延续，要善于利用客户购买后的满足感，尽可能地将成交最大化。另外，扩大成交量还有一层含义是指积极创造"积极消费"的氛围，包括售后服务，让客户产生愉悦感，并为二次消费打下基础。

如果你拜访客户在 5 次以下，说明你的努力远远不够，如果刚刚 5 次也只是勉强及格；如果超过 5 次才成功，那也实属正常。

小 贴 士

销售人员拜访潜在客户时相隔的时间既不能太长，也不能过于频繁。根据人的记忆规律，按照记忆曲线上的记忆点，再加上正确掌握拜访客户的流程，即可增强自己在客户心中的印象。

3.2.3　礼物的重要性

礼物，可能只是一件很小的东西、一件小饰品，但却起着重要的作用——当小礼物被送到客户手中时，可能改变你与客户的关系。

☆ **案例**

"芭比"娃娃是20世纪70年代最流行的一种儿童玩具，可是在初创时期，也曾不被市场接受。那时"芭比"娃娃的销售权大多集中在厂家手中，为了打开市场，厂家决定寻求合作，把销售权下放给代理商。

泰勒是其中一位推销"芭比"娃娃的销售员，他因成功拿下当时美国最大的玩具代理商，而使得"芭比"娃娃一举成为当时最受欢迎的儿童玩具。

泰勒听说奥尼尔是美国第一大玩具代理商，但却很难寻求到拜访机会，为了能够与这位享誉美国玩具界的大亨见上一面，可谓是费尽周折。

一天，他得到一条信息，奥尼尔的小女儿马上就要过生日了。于是，他立即给客户家寄了一个"芭比"娃娃。小女孩非常喜欢这个玩具，然而，奥尼尔却对此不以为然，也没有引起足够的重视。有一天晚上，他女儿回家对他说，芭比需要新衣服。原来，泰勒在赠送时故意将产品供货单附在包装盒里，这张供货单被女儿发现了。上面提示"芭比应当有自己的一些衣服"。当女儿提出这个要求时，做父亲的就想起了泰勒，要他为其买回一套玩具衣服。于是，芭比穿上了"波碧系列装"，花了45美元。

大约过了半个月，女儿又说"应该让芭比当'空中小姐'了"，为了满足女儿的需求他又掏钱买了空姐制服，这一下，父亲的钱包里又少了40美元。接着又是护士、舞蹈演员的行头，不到半年小芭比换了好几套衣服。

然而事情并没有结束。有一天，女儿说她的芭比喜欢上了英俊的"小伙子"凯恩，芭比和凯恩有了爱情的结晶——米琪娃娃。不想让芭比"失恋"的女儿央求父亲买回凯恩娃娃。父亲还能说什么呢？于是他又花了10美元从泰勒那买回了凯恩，与芭比成双结对。

这时，奥尼尔似乎意识到了这种儿童玩具的市场潜力，尽管每个芭比只需

10美元，但它却是一只会吃美金的玩具，后续消费非常多，配备完善每个至少需要上百美元。

此时，他想到了泰勒，决定与他谈谈合作事宜，后来奥尼尔成为美国最大的"芭比"娃娃代理商。

案例中这位推销员把"芭比"娃娃作为礼物送给客户的小女儿，表面上是为客户送去祝福，实则是向客户展示自己的产品。更妙的是，他在礼物中附带了一份"供货单"，这是联系双方情感，加深双方友谊的纽带。他巧妙地通过女儿这个媒介，让客户无形中对产品有了更深的认识。

销售人员在选择礼物时应该富有创意，给每个帮助推介产品的客户送上一份真正的私人礼物。礼物的价值不在于大小，而是要能表达对客户的一种情感。

销售人员在选择馈赠礼物时思路可以开阔些，多想想，为什么不利用一下庆祝生日的机会呢？庆祝客户的生日，庆祝客户家人的生日。或者给客户赠送礼物，为什么一定要出于商业的理由，而不能是客户私人生活的理由呢？客户的办公场所装修、客户的企业生产扩张、客户赢得一场网球比赛，这些都可以是销售员赠送礼物表达心意的机会。

赠送客户的礼物越令人惊奇、越让人意外，客户就越高兴。客户越高兴，借助礼物加强与客户联系的作用也就越大。赠送礼品的目的就是要进一步拉近客户与供货商之间的关系。蕴含精妙主意的礼物、与客户息息相关的礼物、出人意料的礼物、能给客户带来快乐的礼物，是企业客户关系管理中的重要手段和工具。

小小的礼物可以为客户带来一种"量身定做"的体验：通过礼物把小小的"体验故事"与"产品推广"紧密结合在一起。

销售人员在选择礼物和馈赠礼物时应遵循的原则是：借助"大众"媒介的力量与客户交流，设身处地地为客户着想，采用能给客户带来乐趣的方式，让客户发出赞叹。

小 贴 士

除了让客户购买你的产品和服务之外，如果你还留心到他们的需要，不管你是否愿意接受，你提供的业务和你的竞争者提供的并无大的不同，你必须意识到这一点。用心努力满足每位潜在客户的个人需要，他们将会偏爱于选择你。利用这一点，你将与众不同。

3.3　深入沟通，取得客户信赖

沟通意味着与别人交流意见或是共享，在推销过程中与客户有效地沟通并非一件简单的事。需要掌握必要的说话技巧，面对不同的客户，不同的情境，以及在不同推销环节中都需要不同的谈话方式。

3.3.1　初次见面，重在沟通而不是推销

很多销售新人初次拜访就被拒绝，拒绝的借口多种多样，但无论什么借口，有一点是不变的，即客户对你和你推销的产品的不信任。

初次见面，大部分客户对陌生的你，以及你推销的产品都会产生极度不信任，这种不信任直接导致他们内心对推销的抗拒性。这个时候，一个优秀的销售人员需要做的不是加强攻势，强行推销，而是以沟通为主，走进客户的内心，融化客户的抗拒坚冰。

销售人员在初次拜见客户时，要以沟通为主，不要一见面就开始推销。一名推销狗粮的销售员看到一位老太太在公园遛狗，便意识到这可能是个潜在客户，于是开始与对方沟通。

☆ 案例

销售人员："好可爱的小狗，是泰迪犬吧？"

客户："是的。"

销售人员："看得出来您在它身上花了不少心思。"

对方看这位销售员很友善，又在不停地夸赞自己的小狗，心中暗自高兴，笑呵呵地答道："是啊，它整整陪了我5年，给我的生活增添了不少快乐，也算是我的一个伴，我们感情很深。"

销售人员："是啊，养犬也是一种生活调节。"

客户："您也喜欢养狗吗？"

销售人员："我也特别喜欢小动物……"

接下来，双方的谈话就围绕"养狗"聊起来，谈了很多。最后，销售人员见时机成熟，将话题一转，巧妙地过渡到产品上来，双方一拍即合。

初次拜访，重点是避开客户的抗拒点，让客户对自己产生好感。这时，如果与对方谈论一些轻松的话题则比较容易与对方引发共鸣，正如案例中的这位销售员，即使明确地意识到对方有所需求，也没有贸然直接推销，而是先与对方谈起了"养狗"趣事。通过进一步沟通，待对方从心理上接纳自己后才推销产品，这时候客户接受起来就会容易得多。

俗话说，"磨刀不误砍柴工"，在正式推销之前与客户进行充分沟通，对整个推销工作的顺利开展是十分有利的。但是有一点需要注意，这里的"沟通"并不是随便、毫无目的地乱侃，而是要有原则性和针对性，按照3个"有利于"进行。

初次拜访客户，客户的心理变化如下图所示。

戒备之心　沟通　信任　再沟通　引发共鸣

销售人员沟通前　　　　　　　　最后提出销售要求

从零开始做销售
——销售新手不可不知的销售技巧

1. 有利于后续推销工作的展开

初次见面谈论的话题，要有利于后续推销工作的展开，也就是说，推销前所做的一切沟通工作都必须有利于后续推销工作的开展。这就要求销售人员所选择的话题要与产品存在某种联系。就像案例中的这位销售员，正因为推销的产品是狗粮，才选择了"养狗"这个话题；如果是一个服装推销员，则谈论对方的着装比较合适；如果是一个车险推销员，则最好谈论行驶安全。总之，沟通的话题一定要与你推销的产品保持一致。

2. 有利于从侧面了解客户本身

客户的性格多种多样，有沉默型，有唠叨型，有和气型，有刁钻型……面对不同的客户需要不同的推销技巧，因此，销售人员推销产品时，要摸清客户的性格以及为人处世的方式。

面对陌生客户，先了解其类型，然后有针对性地推销，可大大提高效率。比如，一个吹毛求疵的客户，爱鸡蛋里挑骨头，这种客户很少会主动购买，而必先经过一番刁难才罢休。如果对这类客户能事先了解的话，就可以在推销时采取一定措施先满足其虚荣心。

3. 有利于了解客户需求

了解客户的需求，才能有针对性地推销。有没有发现当你向客户推销的时候，大部分客户都是以"我不需要"为借口拒绝的。这说明，这些客户在故意隐藏自己的需求，或者干脆认为自己没有需求。

客户对产品的需求在一定程度上都是需要你去发现的，所以推销之前的"沟通"必须具有挖掘信息的特征。通过良好的沟通来激发客户的需求，或者创造新的需求，目的是让客户意识到自己有所需求。

小 贴 士

盲目地推销会适得其反，一个人在面对陌生的人或物时都会产生质疑。客户首次面对你的推销也会有这种心理，犹豫不决，拿不定主意，甚至干脆拒绝。遇到这种情况，你需要根据当时的情况，第一时间帮助对方消除内心的质疑。

3.3.2　向客户表达尊重和敬仰之情

有一位伟大的销售大师曾说过："我们的客户都是有血有肉的人，也是一样有感情的，他们应受到尊重。你如果一心只想着增加销售额，赚取利润，冷漠地对待客户，那么很抱歉，成交免谈。"这番话是有根据的，每个人的内心都有被尊重的需求，也都希望自己能够得到他人的认可，客户自然不例外。

我们以前常说"客户就是上帝，"事实上，大多数客户自己也这么认为，自己在花钱消费的同时就应该受到更多的优待，包括心理上的。

在这种心理作用下，客户尤为看重销售人员对自己是否尊重。然而，很多销售人员却喜欢把客户分为三六九等，戴着有色眼镜看人。对于有购买意向的客户则满脸堆笑，毕恭毕敬；对没有购买意向，或者缺乏购买力的客户则非常冷漠。销售过程中这种态度是不可取的，销售人员要尊重自己的每一位客户，无论对方是否购买你的产品，都要尊重对方，让对方感到你很重视他。你不尊重对方，产品的质量再好也推销不出去。

☆
案例

乔治是雪佛莱车行一名普通推销员，有一次，他去拜访客户商谈购车事宜。一切进展顺利，眼看就要成交了，但对方突然决定不买了，这让乔治百思不得其解。回家后想了整整一天仍没有想明白，实在忍不住就给对方打了电话。

"您好！今天您明明非常喜欢那辆车，为什么突然改变主意了呢？"

"喂，现在还打电话过来，你可知道几点了？"

"实在抱歉，这么晚了还打扰您休息，但是我检讨了一晚上仍没想明白自己到底错在哪里，望您指正。"

"真的？"

从零开始做销售
　　——销售新手不可不知的销售技巧

"肺腑之言。"

"那你现在在听我说话吗？"

"对。"

"可是，今天下午你并不是这样，当我提及我儿子事情的时候，你根本没有认真听我讲！"

听得出，对方余怒未消。

然而，乔治对这件事毫无印象，因为当时他确实没有注意听，话筒里的声音继续响着："你根本不在乎我说什么，而我也不愿意从一个不尊重我的人手里买东西！"

这次经历让乔治懂得了尊重客户的重要性，他牢记这次教训，从此在推销时发自内心地去尊重每一位客户，结果取得了意想不到的收获。

一次，一位女士走进乔治的汽车展销室，说只是想看看车，没计划购买。原来这位客户已经与对面"福特"车行的销售人员约好。由于对方让她一小时后再过去，所以她只能找地方等，无意中就来到这儿。

乔治在了解到这种情况之后并没有生气，仍然热情地说："请进，随便看看。"

两人简单地交流后，他出去向另一位同事交代了一下便回来了。

"夫人，您喜欢白色车，既然您现在有时间，我给您介绍一下我们的双门式轿车，也是白色的。"对方略有些不情愿。

谈话间同事走进来，递给乔治一束玫瑰花，乔治把花送给女士，说道："祝您生日快乐！"。

这位女士非常惊愕："你怎么知道今天是我生日？"

"您刚才说'今天是您55岁的生日'。"

原来，在开始闲聊时她无意中说了出来。"已经很久没有人给我送花了。"女士感动得眼眶都湿了。

这位女士说："刚才那位'福特'车行的销售人员看我开了部旧车，就以为我买不起豪车。我刚要看车他却说要去收一笔款，于是我就上这儿来等他。其实我只是想要一辆白色的车而已，表姐的是福特，所以我也想买福特。现在想想，不买福特也可以。"

最后，她在乔治这儿买走了一辆白色雪佛莱。

从乔治的两次销售经历中可以看出，对客户尊重与否是影响业绩的一大因素。面对第一位客户时由于倾听对方讲话时心不在焉，被客户认为是不尊重自己，白白丢掉了即将到手的订单。而面对第二位客户时因为留心到了客户的生日，让对方倍感欣喜，这也是一种尊重和重视的体现，从而使客户放弃了福特转而选择了雪佛莱。

尊重，是取得客户认可的前提，只有给予对方充分的尊重和重视，才能了解到客户的需求，引导他们喜欢上自己的产品。那么，如何向客户表达尊重呢？我认为最主要的还在于言谈举止等细节上，见下图。

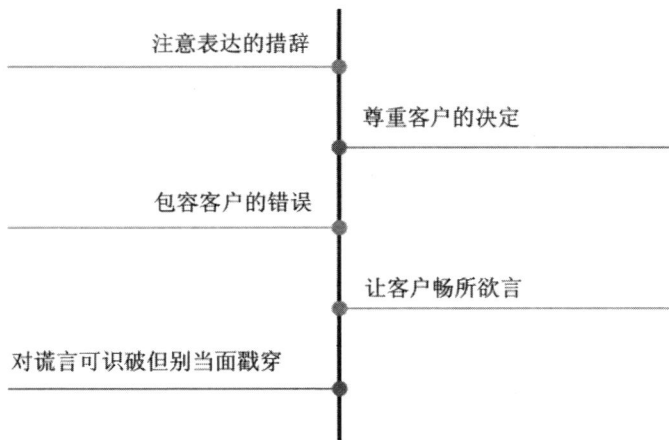

注意表达的措辞

尊重客户的决定

包容客户的错误

让客户畅所欲言

对谎言可识破但别当面戳穿

1. 注意表达的措辞

不同的措辞传达着不同的信息，销售人员在向客户表达尊重之意时，要慎重选择词汇，多使用一些积极性措辞，少用一些消极性措辞。比如，客户比你先到约定地点，你说"非常感谢您的耐心等待"要比"很抱歉让您久等了"的表达效果更好。因为"抱歉、久等"这个词强化的是自己的"歉意"，而第一种表达换成了"耐心"强调的是对方的"耐心"。

在说话的时候，措辞是非常重要的，表示对对方尊重之意常用的有：久仰、敬仰、恭敬、敬重、敬爱、崇敬、尊崇、爱戴、推崇、敬佩等。

2. 尊重客户的决定

任何一个人都需要被尊重，但每个人的性格不同，有任性的，有耐性的，性子急的，脾气燥的等。作为一名销售人员，在向不同性格的人表达尊重时，不可采取同一种方式。比如，你与一个性格和蔼，脾气好的人相处，可以斯斯文文，慢条斯理，但对一个性格直爽，甚至暴躁的人明显不合适。

3. 包容客户的错误

对客户的尊重还表现在能包容对方的错误上，人非圣贤，孰能无过，每个人都会犯错，如果客户有什么做得不到位的地方，销售人员要表示出充分的理解和宽容，并想办法采取措施共同解决，找出补救和解决的方案，这样，客户会从心底里感激你。

4. 让客户畅所欲言

当一个人想表达自己的观点时，总想打断对方马上插话的欲望。但是千万不可这样做，否则会给对方这样的印象：我的话不值一听。遇到这种情况，你可以默默记下欲言的内容或者是关键词语，从而保证不忘记自己的观点，以便在适当的时机直抒己见。让客户畅所欲言，找准时机再适当插话，对方反而会觉得很受尊重，他们也因此更有可能回过头来敬重你。

5. 对谎言可识破但别当面戳穿

很多销售人员都以自己能够戳穿客户的假话为豪，认为自己是火眼金睛，能看透人心，其实，这不过是小聪明而已，绝非大智慧。人性之中都有虚伪的一面，情场高手李敖大师曾讲："千万别去戳穿情人的谎言。"其实，客户的假话也千万别去戳穿。如果你发现客户说的是假话，不管是善意的还是恶意的，自己心里明白即可，不要去戳穿它，否则就是伤其自尊心。

所以说，销售人员要不断地调整自己的表达方式和言辞，针对不同的客户迅速转换话题，以便谈话顺利进行下去。

小 贴 士

> 尊重是建立在平等的基础上的，销售人员在尊重客户的同时必须有自己的原则。在向客户表达尊敬之意时一定要掌握语言的尺度，不能因为过于做作让客户感觉你有不良企图，也不能为了满足客户过度妥协，失去交流或谈判的底线。

3.3.3　投其所好，谈论客户喜欢的话题

很多销售人员在和客户交流时，往往会不自觉地把话题向自己感兴趣的方向转移，这是不可取的。相反，应该按照客户的兴趣爱好来确定谈论话题，最大限度地激发对方的谈话欲望。这是与客户交流的一个小技巧，找到客户的兴趣点，就相当于抓住了展开推销的命门。

案例

小马是一名汽车推销员，在一次车展会上结识了客户刘某，当他再次拜访时对方却多次以工作忙为由拒绝。在仅有的一次会面中，还由于话不投机受到了对方不冷不热的待遇，这令小马很失望。

但小马并没有放弃，经多方打听得知，刘某十分爱好运动，经常与朋友一起到郊外练习射击。于是小马便对周边地区比较有名的射击场进行多方了解，搜集了大量有关射击的资料，并且突击训练了些射击技巧。

当再次拜访时小马不再感到拘谨，也没有提车的事，而是直接与客户谈论起射击的话题，说到兴致时，小马告诉客户："刘经理，我听说城东有一家射击场，设施齐全、环境优美，我们去散散心如何？"

射击场上，小马这几天的精心准备终于有了效果，令客户刮目相看。在返回的路上，客户主动问起车的事情，并透露出自己喜欢越野车，小马趁机与对

方谈论起来："我们公司有一款新型越野车刚刚上市，是目前市场上最畅销的一款……"真正的销售就这样开始了，最后，小马顺利地拿到了订单。

案例中的小马在了解到客户喜欢射击之后，就有意识地培养自己在这方面的知识和技能，从而形成了与客户的共同爱好。尽管有所欠缺，同样顺利取得了对方的信任和好感。他推销的成功在于，谈话时抓住了客户的兴趣点，并时刻创造机会，谈论客户喜欢的话题，从而奠定双方沟通的基础。

一般来讲，任何客户都不会马上对陌生的你和陌生的产品产生兴趣。因此，销售员在拜访之前，必须对客户的兴趣爱好有足够的了解，找到客户感兴趣的话题。正所谓：同流才能交流，交流才能交心，交心就有交易。

挖掘客户的兴趣、爱好可以简单地分为三步，如下图所示。

1. 认真观察

人们常常会把自己喜欢的东西、感兴趣的东西呈现出来。比如，你看到客户办公室书柜上的书籍，可以判定对方是个爱读书的人，看到墙上挂的字画，可以判定对方爱书法或收藏等。再者，看到客户办公桌上的鲜花，说明对方是一个有生活情趣的人。这些直观的事物最容易暴露一个人的兴趣爱好或者学识品味等。所以，仔细观察客户周边的环境以及客户的言谈举止是打开销售局面最简单的方法。

2. 巧妙询问

询问的巧妙之处在于，我们可以通过各种提问来引导客户的思维，让客户说出自己的需求。比如，你发现客户很爱看足球赛，就可以直接问对方"球技怎么样""喜欢哪个球队"以及"对某支球队的看法"等。这些问题仅仅靠观察、猜测是很难准确判断的，必须深入探讨才能得出结论。

3. 合理分析

观察，询问，毕竟手段比较单一，如果遇到较复杂的情形还需要施展想象力，开动脑筋，积极思考，合理分析。有些东西只有经过合理的分析才能得出正确的结论，比如，你看到客户办公室桌上的女性照片，就认为是对方的爱人则比较武断。也许是姐姐妹妹，也许是其他值得怀念的人。总之，这个时候就需要认真分析一下，把几种可能性都要考虑到，最终结合其他条件综合判断得出结论。

通过认真观察，巧妙询问，合理分析三步走，对客户就有了基本了解。但是有人可能会问，如果上述方法都行不通，该怎么办？其实，也不是没有办法，我们可以根据相似性去寻找，人与人之间总会存在某些共同点，例如，相同的习惯，共同的工作环境、共同的工作性质，甚至某些生理特征，脚比较大、个子高等，这些共同特征都可以引起共鸣。

小 贴 士

任何人都愿意与自己有共同语言的人相处，销售人员在与客户交流时必须找到双方的共同点，确定共同话题以此引起共鸣。这个共同话题范围比较广，可以是双方共同认识的一个朋友，也可以是刚刚进行的一场足球比赛，或者是对方办公桌上的合家欢照片。

3.3.4　在客户最需要帮助时多帮帮对方

销售人员要深入客户内心，体察客户的真实想法，想客户之所想，急客户之所急，在客户最需要帮助时，提出切实可行的方案解决问题。

案例

在贵阳华侨友谊商场，海尔冰箱展台迎来了两位60岁左右的客户，他们一边仔细看展台，一边商量着。当时在场的海尔员工王振伟看到了两位老人，他热情地迎上去，同时认真地向他们介绍海尔冰箱的功能、质量、服务、价格等。看到品牌如此多的冰箱展台，两位老人一时拿不定主意。他们告诉王振伟："我们再到其他展台看一看，比较一下再做决定。"

半小时后，王振伟看到两位老人又返回来了，通过询问得知，他们还是没有做出决定。不过他们表示，今天是肯定要把冰箱买回去的，只是要先回去取钱。当时外面正好下着雨，王振伟迅速把雨伞递到两位老人面前。两位老人起初不愿接受，他们认为："还没决定购买哪种冰箱，恐怕到时候不好归还。"

王振伟却说："送你们伞属于我的个人行为，与你们是否购买我们的冰箱没有关系，再说我们海尔的员工有义务帮助像你们这样需要帮助的人。"在得知只有两位老人使用冰箱时，王振伟建议他们购买一款小型冰箱，这样既省电又方便。最终，两位老人决定从海尔展台购买冰箱，因为他们觉得这里的销售人员是真心诚意为客户服务的。

王振伟轻松地卖出了冰箱，他虽然没有一直与老人谈论冰箱的事，但却用行为打动了对方。

与客户沟通时尽量不要着急，不能耍嘴皮子，要实实在在帮助客户解决问题。然而，很多推销员却意识不到这个问题，他们内心只有一个原则："以赢利为唯一目标。"在这一原则的引诱下总是不惜欺骗客户，夸大其词，信口雌黄，可谓绞尽脑汁，可往往适得其反。

要想提高成交的概率，就必须时刻为客户着想，当客户遇到困难的时候，无论与推销有没有关，都要积极去帮助他们，这将会成为你与客户建立的一条无形纽带。只要有了这条情感纽带，客户接受你也会容易很多。

1. 提供日常生活上的关心

关心客户的生活，很多人认为这一点可有可无，其实，这是非常重要的。关心客户的生活，看似与推销无关，实际上它会无形中影响着客户对你的认知。比如，"今天天气比较凉，要多穿衣服""你的咳嗽好些没有，我听说，××牌感冒药效果非常好，你可以试一试"等，将关心带到客户身边去。

2. 为客户提供最新的产品信息

客户购买产品的同时，还会十分关注一些与之相关的行业信息，特别是级别较高的客户，会更喜欢、更关心。所以，你在为客户讲解产品时，别忘了将同行业中的最新动态也说给客户听，这样更有利于他们了解你的产品，觉得你是一个真正懂行的人，对你也会更加信任。

3. 帮助客户创造利益

为客户着想的关键点在于：让客户感到你的产品能为他创造利益，哪怕是提供一些能增加价值和省钱的建议，也会受到客户的认可。作为销售人员，要做到时时刻刻为客户着想，站在客户的立场上来看待一切问题，要考虑怎样才能够帮客户省钱，帮助他们以最少的投入获得最大的回报。而不要一味考虑如何从中得到回报。

小 贴 士

推销的精髓是在客户需要帮助的时候尽最大可能去帮助他们。让客户感受到"你能为他们带来实际利益"，这样会进一步彰显你的诚意。只有让客户感受到了你的诚意，对方才乐于购买你的产品。

3.4　发掘需求，找准真正的购买人

需求是促使客户采取购买行动的内在动力，然而，大多数客户的需求是隐性的，需要去发现，去挖掘，甚至运用一些技巧去创造。因此，销售人员在与客户沟通时最重要的任务就是激发需求，根据需求去引导客户的购买行为。

3.4.1　一视同仁，谁都可能成为潜在客户

在西方国家曾流传着一个很广的故事：有一个非常勤劳的农夫，他的勤劳感动了上帝，一天夜里上帝告诉他，海边有一块石头，可以点石成金，拥有它你就可以不用再辛苦。这块石头温度很高，摸温度就可以找到它。

于是，这位农夫信心百倍地来到海边，在成千上万的石头中开始寻找。每捡起一块石头就摸一摸它的温度，但总觉得不够热，就把它扔进大海。就这样，第二块、第三块……一块块石头都被扔进了大海，也没有找到那块温度高的石头。

一年又一年过去了，农夫仍在寻找，扔石头的动作也成了一种习惯，有时候连温度都不去感受一下就直接扔进了大海。终于有一天，最后一块石头也被他扔进了大海。

这则故事说明了一个深刻的道理——仅凭主观去判断是无法确定"石头"温度的。

对于销售人员来讲，"客户"就好比是一块块"石头"，"目标客户"就是那块温度较高的"石头"。要想把产品卖出去，首先必须找到"目标客户"。

每个人都知道那块温度较高的"石头"才是"目标客户"，然而，如何找到那块高温"石头"呢？真的要像农夫一样一块一块捡起再凭感觉扔掉吗？那结果很可能是你将亲自毁掉一次重要机会。所以，正确的做法应该是认真对待每一块"石头"，不要错过任何有温度的"石头"。

☆ 案例

台湾保险界有位奇人，他的核心理念就是把身边的每个人都视为自己的客户。

他家距离火车站非常近，他每天都会来到火车站售票厅排队，他也不知道自己将去哪里，他的旅程取决于排在他前面的人。

在排队的过程中，他会想方设法与前面的人聊天交谈，慢慢就会熟悉起来。临到他前面的人买票说"高雄"（或其他地方）时，还没等前面的人说完，他马上说"两张"。于是，他就随着前面的人去了高雄。一起买的票，座位自然在

一起。台北到高雄的一段时间就成了他销售的时间。下车时，他已顺利做成了一笔保单。

回家时，他又重复上面的做法，在高雄到台北的回程中又做成了一笔保单。

正是由于他把每一个人都认定是自己的客户，所以他的客户总是很多，销售业绩一直处于顶尖的地位。

优秀的销售员之所以成功，是因为他们从不轻视每一个人，一开始就认定对方是自己的客户，即使遭遇拒绝，他们也从不气馁。就像案例中这位保险推销奇人，他为什么能把看似没有需求的人变成自己的客户？关键还在于积极乐观的心态，还未开始，就从内心深处认为"你一定需要保险"。

销售之神乔·吉拉德说："不管你所遇见的是怎样的人，你都必须将他们视为想向你购买产品的客户。"这样一种积极的心态，是成功销售的一大前提。

寻找"准客户"的方法很多，通常最妥善的方法是，运用周边的人际关系网，每一个人都有基本的人际关系，这样一张网络将有助于销售工作：

亲戚：花时间记录下所有的亲戚关系，实际数目绝对多于想象。

同学关系：小学、中学、大学时的同学，包括认识的老师。

工作关系：目前与以前的上司、同事以及其他工作往来的人。

社团关系：宗亲会、同乡会、俱乐部等社团组织。

住宅关系：目前与以前的邻居、房东或房客，住在附近的商贩等。

商业关系：酒会、舞会、音乐会、喜宴、讲座等。还有，搭车上班或观看比赛时，身旁的陌生人可能就是潜在客户。

只有从一开始就认定对方是你的客户，你才会全力投入销售工作，最后取得成功。然而，有些人面对客户时，内心总有很多质疑：

"他会买吗？"

"他是真的打算买，还是只是想找个人聊聊？"

"从他的表情和语气来看，他很难和我签单……"

如果你怀着这样的态度，面对自己的客户，怎么可能全力以赴地去介绍产品，并打动对方呢？不管你遇到的是怎样一个人，都不要自我暗示，自我怀疑。

小　贴　士

　　客户可分为老客户、准客户和潜在客户三种：老客户不代表以后不会继续买房置业，而潜在客户维护得不好完全可能导致客户失去购买的欲望。对于销售人员来说，三类客户都应该长期保持关系，不可轻易放弃。

3.4.2　精准定位，辨别准客户

目标客户的选择与确定，是销售成功的关键，每个人都可能是潜在客户，但并不意味着最终都能购买成功。换句话说，只有最后决定购买的人才称得上是我们的目标客户。

一般来讲，有购买意愿的客户在购买前会表现出明显的特征，比如，明显的需求、充足的购买能力等。销售人员必须敏锐地抓住这些特征，进行准确定位，确定自己的客户群才能提高成交率，否则，再好的产品也很难推销出去。

案例

章恬独自经营着一家服装店。为了适应不同层次客户的消费需求，特地将产品分为高端和低端两种：名牌服饰高端大气上档次，价格也不菲；普通服装的价格只有前者的1/3或1/5。

一段时间后，无论是高端产品还是低端产品都没有卖出去。原因是客户嫌高端服装价格过高，低端服装质量太差。为此，章恬苦恼不已，她向同事林芬求助。

林芬既是章恬好友，又是助她走上自营之路的"导师"。林芬听了好友的苦恼，笑了笑说："你这种情况主要是对准客户定位不够清晰造成的。表面上是为了满足客户的不同需求，其实恰恰暴露了自己的缺点。这就是客户反映的两极分化现象，高端的太贵，低端的太差。

我们常说，不同客户购买力有所不同，但不能仅仅依据服饰的价格来划分。

林芬在指出划分标准不合理之处的同时，还给他介绍了一种更合理的方法：仍是以这个产品为例，可分为四个步骤：

第一步，先找出该产品的 3 ~ 4 个主要特性，以此为准进行分类。比如，款式新颖、布料上乘、产地有名气、品牌信誉好等。

第二步，将每个特性划分为"高"和"低"两个档次，这样每一种特性就可以划分为两个更细致的特征（共 8 种）。

第三步，把每种特性与不同需求的客户一一对应，最好是附上一些典型客户群特征。

第四步，通过时间总结，验证当初的判断是否准确，同时不断修正，最终确定产品与客户的对应关系，形成客户群。

上述案例讲述了如何根据产品的特征定位准客户。任何一个产品都是针对不同的客户群而设定的，销售员要做的就是让客户感觉到"这个产品确实适合我"。值得注意的是，产品的划分不能过于简单，要紧紧结合产品的特征。否则，就像案例中的划分就完全没有意义，不但很难区分出不同客户群之间的细微差异，还有可能导致脱离客户的需求。

做销售对客户的定位非常重要，谁是你的大客户，谁是你的 VIP，谁仅仅是一次性客户，全靠你去定位和选择。那么，销售人员如何正确地选择与确定目标客户呢？具体来讲，需要把握客户 4 个特征，分别为：

1. 要有接近的可能性

只有客户有接近的可能性，才有成功销售的机会。也就是说，销售人员能否接近自己所设定的目标客户是一个值得考虑的问题。

仍以上述案例为例，如果章恬将高端服饰定位为万元以上，那这类服装将很难卖出去。因为，以她店铺的实力、环境很难接近一些大人物。遇到这种情形，销售人员就不宜设定这样的产品。

  总之，如果你选择的目标客户根本就无法接近，那你的选择无疑就是失败的。无法接近的客户不能当作目标客户来看待。

2. 要有真正的需求

  销售人员在对客户进行定位之前，要确定这类客户是否真正需要自己的产品。

  客户的理性比感性更能有效促使其购买，也就是说，大多数客户只购买自己需要的产品，而不是想要的产品。因此，销售员还是要抓住客户"需求"，瞄准那些有真正需要的人。

3. 要有支付能力

  人人都对私人豪华轿车、阔气别墅有需求，但并不意味着每个人都能买得起。因此，制约销售成功的另一个因素便是准客户的支付能力。向客户销售产品前，考察或鉴别其是否具有支付能力也是销售人员重要工作之一。

  客户只有具备付款能力，销售实现的可能性才会大增，有了支付能力，销售人员才能够在生意成交之后顺利收回货款。有些销售人员发生货款难以收回的情形，也是因为忽略了这一点。

4. 要具有决定权

  销售人员苦口婆心地花了很大功夫对其推销产品，到头来却发现他"不当家"，只好以失败而告终。如果客户无决定权，销售将很难成功。只有有决定权的客户才有希望购买产品，一个无决定权的客户，即使他再有需求，再想购买你的产品，也不可能实现交易。因此，销售人员选择目标客户时还应了解决定权掌握在谁手上。

  比如，某大型集团在各地都有分公司，如果你的推销对象只是这些分公司，即使你与分公司经理的关系很好，来往又多，但决定权掌握在总公司相关人手里，任何推销都没有意义。这时，明智的做法是，应以总公司为对象，把分公司设定为援助机构，逐步渗透。

小 贴 士

客户对产品的购买取决于客户的需求，客户对产品是否真正有需求及需求的强烈程度在很大程度上决定着销售的难易程度。在选择与确定目标客户时，销售人员应该学会探测客户的需求，搞清楚自己的产品是否真正适合对方。

3.4.3 以需求为中心确定目标客户

客户需求是销售工作的前提，销售人员只有确立了消费群体，找到目标客户的需求，才能展开有效且具有针对性的推销。

案例

以前看过一位成功的哥的视频，讲的是他十分善于分析乘客，他的行车路线会根据季节、天气状况、星期几计划好。甚至什么人在什么时间，什么地点可能会打车，他也摸索得清清楚楚。

我们以周一至周五的某一天为例：

每天早晨7~8点先到离家最近的一个高档小区门口，因为这里白领、金领等上班族比较多，这个点正是上班高峰期，打车的人较多。

9点左右，他开始瞄准各大饭店，这个时候大约刚吃过早餐，很多人要出门办事或游玩等。尤其是来自外地的人，对本地公交路线不熟，出租车是最佳选择。

12点左右，到商务区云集的写字楼，办公室，目的是接送外出吃饭的客人。

午饭后，主要是跑餐厅、商场比较集中的街道，送吃完饭回家或准备逛街的人。

下午3点左右，选择银行附近，因为下午办理业务的人较多，而无论是存款还是取款，一般都不会去挤公共汽车。

下午5点钟，正值市区堵车高峰，他巧妙避开，集中跑火车站、飞机场。

吃完晚饭，他又会去人群集中的商务区，餐饮、娱乐、大酒楼等地，接送那些准备回家的人。

他把这些地点的客流规律摸得一清二楚，一天下来，每时每刻都能拉到乘客。虽然很累，但能抵得上同行两天的业务量。

从这位成功的哥身上我们可知从事销售工作，就要学会掌握其中的规律，熟悉客人的各种需求和心理。这位的哥非常懂得抓客需求，而且善于运用这些技巧。比如，清楚不同时间段客户出现在什么地方，从而决定在恰当的时间、恰当的地方等，他的生意比其他的哥要好得多，收入自然也就比别人高。

自己付出了努力却没有收获，为什么？那就是有一点做得还不够，没有抓住客户需求。无法抓住客户需求，就无法找到推销的切入点，推销的效果肯定会不好。那么如何才能抓住客户需求呢？

1. 围绕客户需求与之沟通

其实寻找客户群不难，最重要的是要清楚客户的需求是什么。当然，还有一点要关注，那就是客户的购买力。简单地说，你的潜在客户一是要有需求，同时还得具有购买力，二者缺一不可。

在销售过程中，一定要围绕客户的需求来进行沟通，不能一味地强调自己的产品，如果与客户的需求没有结合起来，再好的东西在客户看来也是没有价值的，是他不需要的，因为跟他无关。销售人员需要做的是按照客户的需求为其提供相应的产品和服务，而不要只考虑自己的签单愿望。了解客户的需求，并设法让客户知道你能满足他的需求，才是销售产品的关键。

2. 寻找客户需求

销售人员不仅要有快速的行动，更重要的是要把精力放在把握好客户的需求上。上述案例中，对方虽然仅仅是个出租车司机，但不是简单地拼体力、拼强度，而是用心对待自己这份工作，掌握其中的规律，熟悉客人的各种需求和心理。

正是这份发掘客户需求的能力，使他比别人更加成功。

作为一名销售人员，具备"发现客户需求"的能力至关重要。下面就是一些如何发现客户需求的方法。

①通过行业发展趋势分析发现客户需求；

②通过了解客户的战略规划，产品规划发现客户需求；

③通过现场谈话和沟通发现客户需求；

④通过客户在使用产品过程中遇到的问题发现客户需求；

⑤通过了解客户在使用竞争对手产品过程中遇到的问题发现客户需求。

3. 分析客户需求

不同的客户，其需求是不同的，肯定会存在差异。要想把产品卖出去，让客户愿意接受，就必须学会站在客户的角度考虑他们的需求。只有你发现了客户的需求，且能够满足客户的需求，你的销售才会成功。

比如，一个人很口渴，你刚好是卖饮料的，你说："我这儿有瓶饮料，3 元钱"，这个时候他买下的可能性就很大。如果说你卖 50 块钱一瓶，对方有可能就会拒绝，或者对方口袋里只有 2 元钱，后者让对方认为为解决口渴问题，花 50 元不值得。

所以，销售人员一定要时刻思考客户的需求：客户真正的需求是什么？客户为什么会有这个需求？我能帮助客户什么？客户不喜欢、不需要的原因是什么？我怎样做，才能让客户满意？

4. 引导客户需求

满足客户需求多是一种本能，只有创造需求才能扩大销售。因此，销售人员在满足客户现有需求的同时，要逐步引导对方的潜在需求，或者，对方根本没有需求，你能够利用现有条件引导其表达出一种明确的需求。

这个时候我们再去介绍产品，客户接受的可能性就会非常大。

引导客户需求就是，让对方意识到问题的严重性。比如一个人在口渴的情况下即使一瓶水 100 块钱也乐于购买，因为他知道不喝这瓶水的话就会被渴死。

当他意识到不喝这瓶水可能会渴死的严重后果时，哪怕借钱也要买。

小 贴 士

　　帮助客户解决问题，满足客户的需求，才能让客户接受你的产品。销售人员要想让销售工作做得成功就要以需求为中心，准确定位客户群，站在客户的立场帮助客户并满足其需求。

第 4 章

有技巧地介绍产品：
给产品贴上独特标签

产品介绍是销售活动中的主要内容，销售工作一半以上的时间都需要围绕产品展开。为了让客户更快、更好地接受产品，销售人员需要掌握必要的介绍方法和营销技巧，用产品自身的优势，结合客户的需求恰如其分地推销。

4.1　提炼卖点，找到产品的优势所在

在营销学上，流行着一个著名的概念——USP，即独特的销售主张。意思是，推销产品要有"卖点"，卖点即我们常说的产品优势，想让客户购买你的产品，一定要让客户看到产品的优势所在。

4.1.1　产品的优势是其最大卖点

客户为什么会购买你的产品，一定是该产品具有某些优势，有特色、服务佳、价格合理等。在向客户介绍产品时一定要重点突出自身的优势，让客户感到购买你的产品的确物有所值。

☆ 案例

深圳嘉旺饮食连锁有限公司，是一家以粤式风格中式快餐为主的民营企业。1997年开设了第一家店，至今在珠江三角洲地区已经非常有影响力。

曾隶属深圳市的实业股份有限公司一个下属餐饮店，如何在短短几年内发展成为遍及南方的连锁企业呢？这与该企业推行的营销策略有很大关系。在发展过程中，该公司时刻按照求新求异、突出优势的思路来做。当发展遇到"瓶颈"时，他们推出了一款"嘉旺小王子"的新产品，这是一款中西结合系列的快餐类产品，以鸡肉为主原料，类似于肯德基、麦当劳，但采用中餐的做法。

当时，这款新产品主要有三大特点：

第一，"创奇"，出奇不意，出奇制胜。率先推出"雪莲"系列鸡肉快餐产品：嘉旺小王子，引入年轻、时尚、活力元素，做具有中国特色的肯德基，将同样以新永旺、嘉好等众多粤式中餐为主的快餐店远远地抛在后面。

第二，"出怪"，借力使力与众不同。"嘉旺小王子"作为嘉旺的子品牌，借助了全国50余家店的销售渠道，迅速占领市场，为以后的推销打下了坚实

的基础。

第三、"煽情"，赋予情感，先发制人。赋予"嘉旺小王子"情感因素，即"年轻没有什么不可以！"的文化内涵，正确掌握消费者心理，把握其购买动机，激发新潮、时尚、年轻休闲一族的情感。

这几点使得"嘉旺小王子"很快在消费者中引起了购买热潮，也成为"嘉旺"快餐最大的卖点之一。

嘉旺饮食快餐本是一家粤式风格快餐店，却走出了一条西方肯德基的路线，这依赖于该店的领导层不断地寻求创新，善抓自身优势，从中提炼新卖点。由单纯的餐饮做成了针对年轻、时尚的一种文化，一种理念，从营销学角度看，这是一种推销理念的变化，该店卖的不仅仅是产品，而是这种产品蕴含的情感感受，文化理念。

寻找、发掘、提炼产品的卖点，已成为销售人员推销产品的常识，显然问题的关键已不是要不要为产品寻找卖点，而是如何寻找卖点。

1. 产品卖点和产品优势的关系

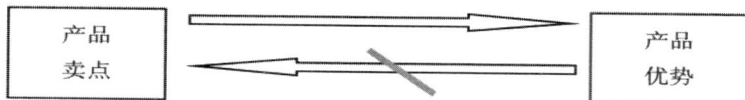

（1）产品卖点是针对产品的优势而存在的

卖点是打动客户决定购买的驱动力，而这个点一定是产品体现出来的最大优势。当然，这里的优势是广义的，有有形的，也有无形的。比如，质量、价格等有形特征，服务、文化等无形的消费理念，都属于产品优势的范畴，某些时候，这些无形的优势更容易被人接受。

例如，为某产品设计一则广告，广告策划中少不了对产品自身优势的定位。如果我们仔细观察，会发现这样一个现象：广告商对产品优势的把握并不仅仅停留在表层上，而是成功地向观众传达了这类产品背后所承载的思想内涵，也就是说，是一种"消费观念"。例如，宝马汽车，可口可乐的广告，这么多年都保持非常高的水平，其中很重要的是它们坚持一种贯穿始终的创作理念，产品观念的时代潮流，抓住了人们的消费心理。

（2）并不是所有的产品优势都可以当作卖点

这一点尤为重要。卖点所针对的优势并不是盲目的，有利于客户利益，符合客户需求的优势才被认为是卖点。某一项产品的出现，针对不同的人，不同的需求，其优势也不同。比如农药，对于农民来讲它可以灭虫害，保障自身的利益；但对某些人来讲，它还可能成为一种凶器。但我们宣传的时候不能以行凶的需求为重点，而是要围绕杀虫除害来展开。

2. 卖点提炼的操作过程

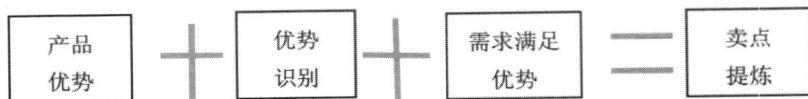

①罗列客户相关需求，按需求大小排序，整理出所有与需求相关的产品资源，清楚哪些是最重要的，哪些是最紧急的。

②结合需求，找到产品具有的最大优势或相应优势，这种优势要独一无二，是竞争对手所不具有的。

③按照有利于我方的原则去影响客户的心理。

④提炼产品优势能满足客户需求的内容。

卖品质：让代表品质的专家、教授、博士、学者等现身说法，来打动客户的做法，就是以品质为卖点的代表。

卖特色：将产品具有区域性、历史性、民族性、稀缺性、技术性等先天优势，作为卖点进行推销。

卖情感：将产品赋予亲情、友情、爱情的方法。

卖服务：体验式的推销，将产品本身的体验和生产过程的体验当作卖点，比如，工业园区旅游、售后服务承诺、服务差异化、个性化服务、衍生服务等。

卖概念：根据产品或服务的特性或功能进行恰如其分的比喻，例如，海尔电热水器的"防电墙"概念。

卖文化：以产品蕴含的某种文化为卖点，如传统古典文化、乡村民俗文化、西方浪漫文化等。

小 贴 士

产品优势是相对客户需求而言的，在满足目标客户的需求下展现其优势，若不结合客户需求点，产品的卖点也不能称为卖点了。提炼卖点，展示卖点，诱惑目标客户对产品产生兴趣，有利于商谈和交易。

4.1.2 质量优势，质量永远是最有说服力的

一个产品什么是最重要的？价格？时尚？还是功能……从用户的角度来看最重要的是质量。在我的推销生涯中，遭受质疑最多的就是产品的质量，比如"质量怎么样啊""靠得住吗""能用多久啊""不会用几天就坏吧"等。每一位客户在购买之前几乎都会发出这样的疑问。质量，是产品得以畅销的核心，没有过硬的质量，不但经不起客户的考验，还会被市场所淘汰。

案例

深圳某装饰公司是一家实力雄厚的企业，有一支优秀的团队，聚集着一大批优秀的设计人才，只不过成立时间较短，在业界的知名度尚小。胡阳奇是该公司的市场总监，伴随着公司一路走来。

1999年10月，深圳市税务大楼设计图经深圳市招标中心公开招标，招标信息一发，全国几十家知名设计企业前来竞标。胡阳奇代表公司报了名，企图通过这次工程打响了自己的知名度。

经过严格的筛选，招标方保留了包括胡阳奇在内的10家公司参与正式竞标。这十多家公司实力都非常雄厚，其中六家是深圳一级企业，其他则是北京、上海等地的知名企业。对于如此强大的对手，胡阳奇意识到自己的被动地位，但

是这是公司立足市场的生死战，必须集中所有的优势做这件事情。

　　该公司自成立以来虽然知名度不大，但是其做出来的设计非常有创意，一向受到客户的好评。近几年参与的设计也均属于市重点工程，胡阳奇认为这就是最大的优势，在这支团队的努力下一定能做出高质量的产品。

　　拿到设计标书后，公司分别从三个设计部选出最优秀的设计师来策划，然后以座谈的形式大家研讨，集思广益，多次修改之后选出最佳参赛方案。当胡阳奇团队的设计作品与其他竞争对手设计的产品摆放在一起时，一种直观感觉告诉客户它与众不同，经过对方综合评析，胡阳奇团队很顺利地获得了该项目的设计权。

　　质量是个老生常谈的问题，不管是谁，也不论产品大小，贵重与否，保证质量应该始终是第一位的。要不为什么很多企业都要设立质检部门呢，为的就是保证生产的产品质量过关，经得起客户的检验。

　　优质产品首先要保证质量过关。但是，这种过硬的质量优势还要通过销售人员体现出来，否则，客户一样不买账。那么，销售人员应如何最大限度地突出产品的质量呢？

1. 出示证据

　　为了更好地展示产品在质量方面的优势，往往需要形象地描述，而数据就是最直观的方式。因此，每个销售人员都要养成"以数据说话"的习惯，遇到客户的质疑，拿出数据、资料来说明问题，重视数据的收集、整理、分析工作。

2. 重视产品的外包装

　　凭产品的外包装就可以鉴别真伪，这一点不可忽视。有一句成语叫作"秀外慧中"，也就是说，一个物件只有内外都好，表里如一，才是好东西。产品的质量也应注重"外"，比如，外观、数量以及包装上的印字等，这些都是产品质量的重要组成部分，如果不重视，同样会造成严重的后果。

3. 用后期服务解决质量可能出现的问题

　　为了解决产品在使用过程中可能出现的问题，绝大部分企业都会制定一套与之相配套的服务。这些服务是为保障客户利益专门制定的一些措施，很多客户对有完善售后保障体系的产品还是有很大信心的，在很大程度上支持了他们的购买决定。所以，销售人员在推销时就要善于充分利用这一点，介绍产品时要详细地介绍售后服务、维修条款。

小 贴 士

质量出效益，产品必须突出它的质量，现在市场上充斥着很多伪劣产品，使得很多客户难以分辨真假。因此，推销员在推销过程中最重要的任务之一，就是消除客户对产品质量的怀疑，并针对此采取弥补措施。

4.1.3　价格优势，物美价廉更受欢迎

如果质量是影响销量的核心因素，那么价格则是重要影响因素。人们都想买到物美价廉的产品，一个产品如果在价格上、质量上都占尽优势，那么它将成为无敌于竞争对手的抢手货。如果在价格上占有优势，而质量稍次，也会成为部分特定客户青睐的对象。

因此，价格很重要，在推销过程中要尽可能体现产品的价格优势。

案例

有一次，我从同事小潘那接过一个客户，其实是他认为对方实在难搞定才交给我。同事说这位客户砍价砍得很厉害，同事多次妥协均不满意。

据此，我在报价时采用了一个小伎俩，高出市场价2000元，当时这种机器市场价是20000元，我直接向他报价22000元。

对方更加不满："不会吧，怎么比上次高出2000元呢?"

我："先生，我们这才是市场价，我同事可能没跟您说清楚，前几天您看到的是公司搞活动的促销价，活动结束恢复原价。"

客户："这一点我还真不知道，那意思是没有下降的余地了?"

　　我："您的状况我也了解，是小潘介绍来的，看在他的情分上为您优惠500元。"

　　"500元？不，这远远高于我的预期，而且比你们的促销价还高。"

　　"先生，促销价是有时间限制的，首先这是公司行为，我个人是不能乱改动的，您也别为难我了。当然，您有其他意见尽管提，在我权力范围之内会尽力配合。"

　　"你向公司申请按优惠活动价怎么样，前后也没几天嘛。"

　　考虑到报价和市场价之间还有1000元的空间，我也没有坚持，就顺水推舟做了人情："看来您十分有诚意，我可以试着向公司申请。"

　　一通电话之后，我告诉对方公司破格获批，以活动价卖出这套设备，对方听到这个结果显得十分兴奋，当场交付现金。

　　我使用的这种方法在大多数人看来可能有失公道，但是在抑制客户无休止的砍价上可谓是一种行之有效的方法。销售人员千万不可忽视价格问题，要知道客户总是希望将价格尽量压到最低，他们砍起价来也是口若悬河并且理由充分，"逼迫"你做出让步。如果我们不能掌控局面，运用正确的报价策略，很可能会被客户的思维牵着走，陷入被动。

　　由此可见，报价策略是体现产品价格优势的重要一步，接下来，我们来分析一下报价策略的要点。

1. 先报高价再报低价

　　一般来讲，销售人员在报价时可尽量将价格报得高些，理由有两个，一是开盘价往往会影响客户对产品或服务的印象和评价；二是能为以后的磋商留下充分的余地，价位定得越高，最终能得到的好处就越大。

　　当然，开盘价要报得合乎情理，要能讲得通，不能一味过高，如果在接下来的谈判中我们又把价格调低，并且幅度比较大，客户会提出质问。

2. 先报低价再报高价

　　对于某些特定的产品，尤其是配套产品，比如，对于上衣裤子衬衫的套装，柜子凳子床的套装家具，笔墨纸砚等，可采用这种方式。先报低价，让客户产生购买欲望，然后报出高价，使客户进入进退两难的境地。

　　某销售人员向一位画家推销一套笔墨纸砚，他先报笔价，要价很低，只要100元；成交之后再报墨价，要价150元，也在画家接受范围之内；待笔、墨卖出之后，才谈纸价及砚价，这时他逐步抬高价格。虽然画家对价格有些不满，但由于已经买了笔和墨，自然想"配套"，不忍放弃纸和砚，只得接受这样的价格。最终，这位销售人员没有降低一分钱就成交了。

　　上述案例中，这位销售人员采用的就是先低后高的报价策略，如果他一次报高价，或者先报纸砚的价格，画家很有可能不会购买。

3. 限定报价的上下限

　　如果有些产品不便于固定在某一个价格上，可以将价格限定在一个范围内。如果客户对价格有异议，尚有在此范围内达成协议的可能。这样的报价灵活性较大，可让我们在价格交谈过程中占主导地位。不过，也存在风险，很有可能由于我们的价格报得不够高而损失很多；或者开始的报价高得有些荒唐，根本达不到。对方听了我们的报价后，可以对他们的报价进行调整，获得本来得不到的好处。

4. 采用分割报价法

　　分割报价法指的是将较大的单位换算成较小的单位进行报价，给客户心理上一种价格便宜感。比如，每斤茶500元，每箱啤酒36元，整件价目听起来很贵，一时之间会给人留下高价的印象。但如果换成每两50元，每瓶1.5元，心理上高价的抵触就会减缓不少。

　　销售人员不能为了取得订单而不断妥协退让，要采取适当的报价策略来抑制客户总是希望价格越低越好的心理，从而保证公司的利益。究竟采用先报价的方式，还是后报价的方式，还是采取上下限报价方式，需要在全面了解产品、客户需求，市场数据分析研究的基础上做出决定。

　　我们这里讲的"价格优势"，并不是单纯地打"价格战"，而是统指一系列的价格策略，比如定价策略、报价策略、竞价策略等。只要这些策略运用得恰到好处，售价不一定比同类产品低，有时反而会更高。

4.1.4　服务优势，凸显产品附加价值

　　美国汽车大王亨利·福特曾说："要把服务客户的思想置于追求利润之上，利润不是目的，只是为客户服务的结果而已。"在当前这个服务至上的时代，消费者越来越注重精神享受和心理感受，在推销产品的同时，提升服务质量，是产品的一大卖点，做好服务能大大增加产品的价值。

　　作为销售人员，在向客户介绍产品时，需要兼顾到客户这一需求的变化。我认为，重在特色，只要能在服务层面前进一小步，就可以实现业绩上的大跨越。

案例

　　弗兰克经营着专门为用户提供各种农副产品的零售店，他的食品全部来自自家农场。弗兰克十分重视产品的形象，把塑造、维护良好的形象当作争取客户的基本策略。为此，他始终为客户提供优质的产品和良好的服务。

　　一次，客户从他这儿买了一只袋装鸡，回家后发现鸡已经变味。于是他把这只鸡退了回来。当时正好雇用的店员在，立即给客户退了钱。弗兰克知道这件事情后，决定亲自向这位客户道歉。没过几天，这位客户就收到了弗兰克的一封信，信中一再表示歉意，并附有一张免费购鸡券。最后，弗兰克真诚地表示，该农场及零售商店永远杜绝类似事情的发生。

　　自此，这位客户一直购买弗兰克农场的鸡，再也不买别的农场的鸡了。同时，他还把自己的经历写成文章发表在当地的报纸上。这对提高弗兰克农场的形象和知名度起了积极的作用，并在无形中为农场赢得了众多顾客，使农场的产品

一直保持较高的市场占有率。

弗兰克运用服务优势获得经营的成功，重视企业服务于企业形象，绝非一种促进产品销售的"雕虫小技"，而是一种同命运攸关的企业公关基本策略，它体现了企业经营活动的特征、特色，也体现了产品的各种细微之处，正如案例中，当农场的良好形象在客户心中稳固地生存时，它便成为一种强力黏合剂，把农场和它的客户永久地粘在了一起。

然而，如何体现自身服务的优势呢？至少需要符合以下 3 个特征。

1. 服务专业化

专业化是全程服务最基本的特点，通常是由专业人员或团队精密策划、高效执行，让客户感受到专业性极强的服务。

2. 形式多样化

不仅要提供围绕核心产品开展的专门服务，还应提供相关的服务，比如，技术服务、维修服务、保养服务、使用培训服务等"一站式服务"。由此可见，为客户提供系统化、系列化的销售服务，目的是扩大服务范围、提高服务质量、使服务增值。

3. 手段多样化

多样化摆脱了手段单一的缺陷，这也是未来服务全面化的内在要求，现在很多企业实现了生活中与互联网相结合的模式，多渠道、多手段、多方式综合进行，与传统的推广方式相比，更能满足客户需求。

小 贴 士

在整个推销活动中，服务是不可缺少的组成部分，一个被客户认可的产品，首先必须建立完善的服务体系，使客户在购买过程中能享受到专业的、全方位的、周到的服务。有了完善的服务保障体系，才能稳固客户的购买信心。

4.2　正确介绍，促使客户做出购买决定

在产品推广过程中，如何更好地介绍产品是一门艺术，更好地掌握这一门艺术需要销售人员学习多方面的技巧，包括语言表达技巧、产品展示技巧、观察客户心理技巧等。这些技巧运用得好能促使客户早做购买决定。

4.2.1　巧设氛围，制造"抢购"假象

我们都见过这样的情景：商店门口排了一条长队，路过的人纷纷加入队伍中，不一会儿队伍越来越长。事实上，在队伍中绝大多数人没有明确的购买意愿，只是相互影响，出于好奇心想看个究竟。

是什么心理促使这么多人在不知情的情况下就贸然加入队伍中呢？很多时候人的心理就是这么奇怪，宁愿相信身边的人也不愿相信自己。凑热闹和随波逐流是人性的特点，很多商场、百货公司都会出现排队抢购的情景，在这种情景之下人们常常会这样想：既然有这么多人排队购买，一定是有利可图，不能错失良机。

据此，销售人员在推销时可以营造一种抢购氛围，让客户主动前来购买。

案例

日本"尿布大王"多川博就是利用这种方式来推广产品的。多川博在创业之初，成立了一家销售雨衣、游泳帽、防雨斗篷、卫生带、尿布等日用品的综合性企业，由于公司经营没有特色，销量一度不好，曾面临倒闭的困境。

一个偶然的机会，多川博从一份人口普查表中发现，日本每年出生的婴儿约250万，如果每个婴儿用2条尿布，那就是500万条。于是，他决定专营尿布，并自产自销，一条龙经营。

新尿布质量上乘，采用的是新科技、新材料，生产出来后，又花大量的精力去宣传，希望引起市场的轰动。但在试卖之初，生意十分冷清，基本上无人问

津，多川博万分焦急，经过苦思冥想，终于想出了一个好办法。

他让自己的员工假扮成客户，排成长队来购买尿布，一时间，长长的队伍引起了行人的注意。纷纷议论 "这里在卖什么？" "什么产品这么畅销，吸引这么多人？"，不大一会儿，吸引了很多真正的买主，一时间门庭若市。

由于多川博公司生产的尿布质量的确比同行的好，人们逐步认可了这种尿布，买的人越来越多。后来，多川博公司生产的尿布在世界各地都畅销开来。

多川博让自己的员工排成长长的队伍，就相当于营造了一种旺销的热闹氛围，为其他客户创造了效仿的条件。在销售过程中，利用客户的从众心理来促成交易可以减轻客户对风险的担心，尤其是新客户，看到大家都买了也会买。因为很多客户会把大多数人的行为作为自己的参照。如果很多人围观，没人购买，大部分人也都是看看，凑热闹；但只要一个人开始购买，其他人也会纷纷购买，无形中就增强了客户的信心，销售人员利用此法促成订单，往往较为容易。

在众人的影响下，队伍不一定是有形的，但在心理上是有形的，从众成交法，就是利用了人们的从众心理，意在创造一种争相购买的氛围，促使客户迅速做出购买决策。但是，也正是因为这种购买心理助长了不法商人的歪风邪气，比如，盲目跟风，拉帮结派，利用托儿欺骗客户等，这些行为大大损害了客户的利益，同时也严重影响到销售人员在客户心目中的良好印象。因此，要想取得良好的效果，还必须注意以下两点。

1. 产品质量有保证是前提

好的产品质量是利用客户从众心理的前提。例如，多川博企业能够充分利用客户的从众心理使销路打开的前提是生产的尿布质量好，只有这样，客户购买后才能真正认可这种产品，从而继续购买。因此，销售最终还是要以质量赢得客户的，而利用从众心理只是一个吸引客户的手段而已，如果客户购买产品后发现质量不过关，那么他是不会再上当的。

2. 选择具有说服力的老客户

客户虽然有从众心理，但是销售人员所营造的氛围必须具有足够的说服力，否则，客户也是不会为之所动的。比如，销售人员要尽可能选择那些大众熟悉的、具有权威性的、对客户影响较大的人作为列举对象。否则，客户的从众心理很难被激发出来。

值得注意的是，这些案例必须可靠，有一定的依据。既不要夸大事实，更不要随意捏造。否则，一旦被揭穿，客户就会产生被欺骗和愚弄的感觉，这样，将会失去成交的机会，永远无法从客户那里获得订单。

小 贴 士

　　营造气氛，带动客户的购买情绪是一种非常好的推销方法，但同时也具有很多不稳定性，现代社会是一个崇尚个性化的社会，很多客户追求新异，不喜欢随波逐流。所以，销售人员在推销过程中也应该注意到一点，并不是所有的客户都适合使用这种方法。对于那些喜欢追求与众不同，有个性的客户来说，反而容易引起反感情绪。

4.2.2　逐步引导，促使客户转变态度

推销，就是买卖双方一个引导和被引导的过程，就像一场拉锯战，买方坚持"买"的原则，卖方坚持"卖"的原则。不是你把对方引导到自己这边来，就是对方把你引导到他那边去，谁能在这场争论中占据主动，谁就取得了成功。

作为销售人员，在这场拉锯战中要主动出击，引导客户逐步了解自己的产品，及时消除客户对产品的误解。

案例

刘长阳："王总监您好，我是××信息咨询公司刘长阳，这次拜访您的目的是向您介绍一下新业务：市场信息共享项目。只要您成为我们的会员，每月将会定期享受到公司派发的市场上最新的信息，准确、及时地了解市场发展形势，这将大大便利您的判断决策。"

王总监："我们有自己的渠道。"显然，对方没有感受这些信息的重要性。

刘长阳："我知道，贵公司在这方面做得已经很好了，所选择的合作商也都是实力雄厚的公司，冒昧地问一下，您在选择合作商时最看重对方什么呢？"

王总监："企业实力、盈利状况以及在当地的影响力等。"

刘长阳："您说的这几个方面确实都非常重要，但我认为这些都是外部信息，我认为，最重要的是了解他们的核心信息。"

王总监："说的对。"

刘长阳："那您如何获取这方面的信息呢？"

王总监："我们有很多市场调研人员，他们会通过各种渠道去搜集，然后反馈给公司。"

刘长阳："实地调研是一个非常有效的方法，但是我也遇到过这样一种情况：很多调研员为了业绩难免会肆意虚报，您的员工存在这种情况吗？"

王总监："这种情况时有发生。"

刘长阳："那有没有更好的方法来避免呢？"

这时客户脸上显出为难之情。刘长阳继续说道："其实，这种情况很多企业都存在，有的调研人员搜集的信息不准确，结果造成公司高层决策的偏差，错误的判断。因此我建议您考虑考虑，是否需要优化一下获取市场信息的渠道？我想凭借我们公司提供专业化的服务一定能帮您解决这个问题。"

王总监："但你怎么保证你们提供信息的准确性？"

客户主动提问就是感兴趣的信号，接下来，刘长阳便轻车熟路地回答了这方面的问题，从而打消对方的疑虑。一番谈话下来，对方终于答应成为××咨询公司的会员。

上述案例中，刘长阳之所以取得成功，与他正确的引导是分不开的。在遭到客户拒绝之后，以此为切入点，层层分析，步步为营，及时将客户引导到"正面问题"上来，打消客户内心的困惑。

比如，第一个问题的设置颇为精妙，"询问客户以什么标准来选择合作商"表面上看是闲聊，实际上就是一个圈套，引出对方通过什么渠道来获取市场信息。由于自己推销的就是为客户提供更好的信息渠道，这个问题间接地为自己接下来的谈话埋下伏笔。所以，当对方回答了注册资金、营业额以及市场影响力时，刘长阳就主动提到了信用状况，这句话一方面认可了客户上述说的话，另一方面便于借此机会突出自身优势，层层问下去。这对于客户对产品态度的转变有很大的带动作用。

从案例中总结出，当客户不认可你说的话，或者不认可你的产品时，销售人员需要做的是逐步地去引导，把客户对产品的误解、负面情绪逐渐转移到正面情绪上。这需要销售人员掌握必要的交流技巧。

1. 多说一些轻松的没有压力的话

当客户不认可你或你的产品时，会在潜意识里有反抗情绪，即使表面上看很平静，但内心却紧闭着。如果你此时还一味地介绍产品势必会招致对方更大的反感。此时，你的主要任务不是尽快将产品推销出去，而是消除客户潜意识的反抗情绪，不妨多说一些轻松的、对方感兴趣的话，缓解对方的压力。

比如，"我主要想了解一些贵公司在×××方面的信息，看看我们的服务是否可以帮到您？"如果对方继续追问，可真诚说明来意，如果对方没有积极的反映，则可以用一些反问句回应。

比如："×× 先生，请问您对 ××× 很了解吗？"

2. 提有利于对方做肯定回答的问题

如果你在与人交流时，自己的话大都被对方否定了，接下来的谈话便很难进行；反之，你的话在被肯定后，是不是会激发出更多的谈话激情？同样的道理，为激发客户的谈话兴趣销售人员可多问一些便于客户做出肯定答案的问题，也是缓解气氛的一种非常重要的方法。因为，客户在对你的问题做出肯定回答时，潜意识里的对抗情绪也在慢慢弱化。

比如：

"在信息搜集方面，您一定遇到过更大的困难吧？"

"您肯定更希望优化公司获取市场信息的渠道吧？"

"市场信息对企业决策的重要性体现在及时性、准确性上，您认为是这样吗？"

这些问题是针对客户可能存在的困惑或不满，而且每一个问题都是在引诱客户说出隐含的需求。我们把这些问题称为肯定性问题，这样问关键不在于对方如何来回答，而是拉近双方的心理距离，消除隔膜取得信任，让客户感到产品的魅力所在。

3. 层层递进，深入分析

对客户进行引导时，要保持话题之间的连贯性，而且前后要层层递进，逐步深入。有的销售人员东一句西一句地乱扯，有的平铺直叙，没有重点，这样的思路很难呈现出产品自身的优势。

所以，与客户谈论某个问题时，首先要围绕一个中心话题展开，然后以此为基础，横向或者纵向深入，循序渐进，逐步引导，最终让客户坚信：买你的产品没错。

小 贴 士

在与客户沟通的过程中，销售人员应该多引导对方，提一些具有积极意义和便于做出肯定答复的问题，引导客户说"是"，目的是及时掌握客户的内心状态，促使客户改变对产品的偏见，增强对产品的信心。

4.2.3　针对性强，配合客户的需求作介绍

每个人都对自己需求的东西感兴趣，只要客户在某方面有所需求就会花更多的时间和精力去了解。我多次对学员强调，在与客户沟通时，一定要先挖掘出客户的需求，再配以针对性的介绍，只有当客户真正意识到自己的需求后，才会

主动想要了解你的产品并最终达成交易。

这里的"针对性强"，讲的就是产品特性要与客户需求相对应。

案例

北京一家制伞厂生产的伞"身子"很脆弱，伞架、伞把都是用塑料做的，开合几次，或者受到硬物、锐器的轻轻撞击就不能再用了。可正是这种既不太漂亮也不太坚固质量又不好的次伞，却比那些比它更漂亮、更坚固、更好用的同类产品畅销，一次的销售量就有几十万把，甚至独自享有出口"特权"，销往英、德、美等发达国家。

为什么会有次品畅销这种怪现象呢？原来，在欧、美一些经济发达国家，一些人为了出门方便从来不带雨伞。下雨时，在沿街的商店里便会马上出现几美元一把的雨伞。客户回家后，嫌洗晒麻烦，便将雨伞随手扔进垃圾箱。还有一些大商场在下雨时免费向客户赠送雨伞，他们称之为"温馨服务"。

一次性消费的雨伞没有必要牢固耐用，"温馨服务"的雨伞就更要便宜。北京的这家制伞厂就是看准了这个市场，把产品的成本一压再压、一降再降，只要能够"温馨"一次就行。在企业有利可图的前提下，价格更是便宜得让客户笑逐颜开。

畅销产品必须满足客户的需要，即使不是十分完美也能受到众捧。产品的设计、包装、销售都是为了满足客户的需求——所有都是围绕需求服务的。可见，产品特征、优势等从某种程度上讲并不是绝对的，只有结合客户需求才能得到最大限度的体现。假如客户没有这方面的需求，产品再好、再有优势都没有意义，而且产品具有的某一特征与客户该方面的需求是一一对应的关系。

比如，特别看重价格的客户，我们就可以凸显产品的价格优势：打折、赠送等，如果你满足了对方的心理需求，价格低廉就成为该产品的优势。

再如，某客户注重产品的美观性，那么，外观、设计理念等也许就会成为他们决定是否购买的因素。

所以，销售人员在向客户介绍某产品的时候，一定要先了解对方的需求，然后根据需求确定所要体现的产品优势。产品特征与客户需求对应关系如下图所示。

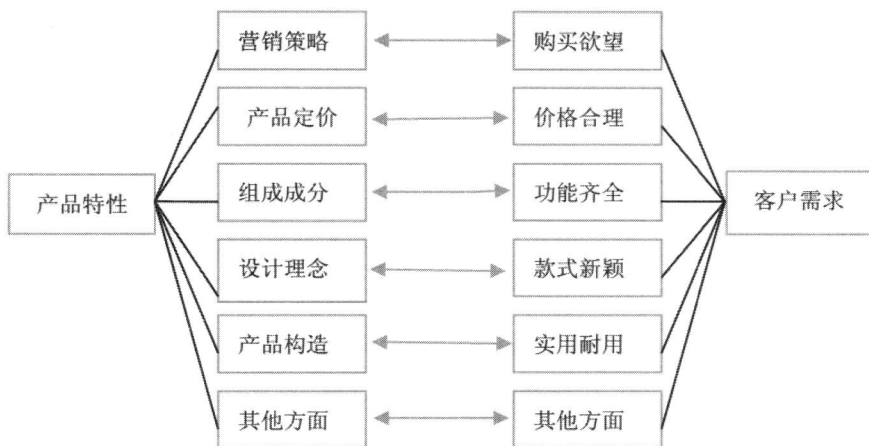

```
                    营销策略  ←→  购买欲望
                    产品定价  ←→  价格合理
       产品特性      组成成分  ←→  功能齐全      客户需求
                    设计理念  ←→  款式新颖
                    产品构造  ←→  实用耐用
                    其他方面  ←→  其他方面
```

　　客户的需求往往是多方面的、不确定的，销售人员在与之沟通的时候，应善于分析，善于思考，明确客户的心理状态。首先对客户要有全面的了解，他们迫切需要什么，他们的支付能力如何。然后对客户购买的欲望、用途、功能、款式进行逐步发掘，将客户心里模糊的认识以精确的方式描述并展示出来。如果销售人员确认某客户不具有购买需求，或者发现自己所销售的产品或服务无益于某一特定对象，不能帮其解决任何实际问题，就不应该继续销售。如果确信客户存在某种需要，且存在购买的可能性，就应该集中产品的优势对其推销。因为错过机会，客户的需求点一旦发生变化，该产品优势将会失去意义，甚至转换为劣势。

小 贴 士

　　任何产品的优势都是相对的，没有特定性，销售人员介绍时必须紧紧围绕客户的需求，才能体现产品的特征，针对客户的需求去述说产品的特点，客户需要什么就说什么，不重要的完全可以暂时放置。

4.2.4　扬长避短，实现优劣势的转化

在大多数客户看来，你所推销的产品总是存在某个方面的不足，或者价格太高，或者包装不漂亮，或者产品没有特色。这些劣势往往成为客户拒绝购买的理由。销售人员在向客户推销时，如何做到扬长避短，巧妙回避这些劣势，并使优势得到最大限度的体现，成为推销成功的关键。

任何产品都存在缺陷和不足，而销售人员要善于实现优劣势转化，把客户关注的焦点从劣势转移到优势上来。

案例

一年轻男性到商场购买衣服，看上了一款灰色西服，可上面有很多褶皱。客户欲走，这时导购员前来搭讪，并轻松地化解了这场危机。

导购员："先生您的眼光真不错，这是一套正统的商务套装，您可以先试穿一下。"

客户："的确不错，但后背、袖口处这么多褶皱，给我换一件吧！"

导购员："实在抱歉，这是最后一件了。"

客户："那我不买了。"

导购员："这些褶皱是长时间挤压造成的，熨一下即可。"

客户："新衣服一熨就跟旧的似的，这样多影响形象啊！"

导购员："先生，您一定有这方面的困惑吧，很多新衣服都不能熨烫。不过，这正是我们这款衣服的优势所在，熨过仍崭新如故。"

客户："是吗？"

导购员："对，这款衣服的面料是高档纯棉，质地柔和，它与普通面料最大的不同之处在于经过折叠、挤压经常会有褶皱，这是由面料的特性所决定的。但同时它还有一个特性，高温下反而会更加舒展。因此，这款衣服在穿之前只要轻轻熨烫一下褶皱处即可。"

客户听了若有所思，最终决定购买。

上述案例中这位导购员巧舌如簧，思维转化得极快，将衣服上的"瑕疵"成功转化为特性，从而使衣服上的褶皱不再是缺点，而是优点，因为只有真正的纯棉面料才会在挤压之后产生褶皱，这相当于进一步证明"衣服的面料确实是纯棉"，令客户更加坚定了衣服的真实性。

这个案例说明产品所具有的优点、缺点都不是绝对的，而是与产品本身，客户的关注点有关。大部分客户正是单一地看到缺点才会产生拒绝之心，而销售人员要化解客户的疑虑，则需要引导他们用联系的、辩证的眼光看问题，既要看到产品的优点，又要看到缺点，以及两者与客户关注点之间的关系。

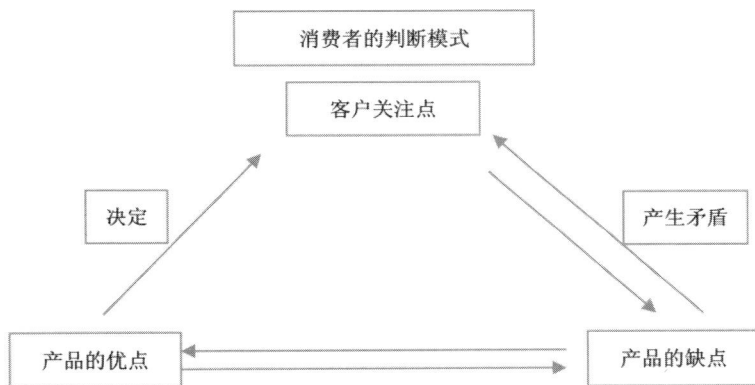

在产品的缺点问题上，回避不是办法，优秀的销售人员要学会正视，对问题进行有效的分析。正确的做法是摆明产品所有的优势和劣势，结合客户的关注点，或优劣势转化，或转移客户注意力，目的只有一个，突出优势，弱化劣势。

那么，如何将劣势转化为优势，化被动为主动呢？具体来讲，需要从以下3方面做起。

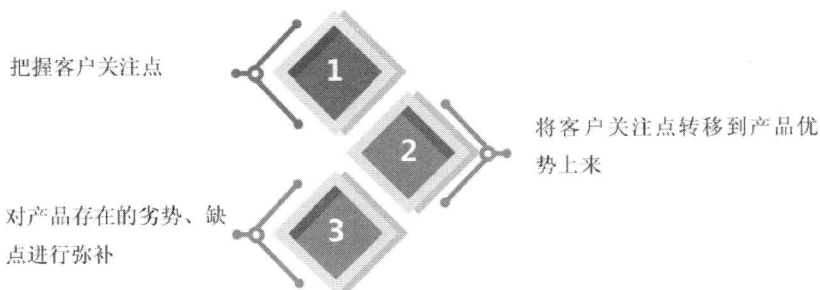

把握客户关注点

将客户关注点转移到产品优势上来

对产品存在的劣势、缺点进行弥补

1. 把握客户关注点

客户一般只关注自己需要的东西，因此，销售人员一定要明确客户最关注的是什么，然后根据对方的关注点来化解矛盾。

比如，客户提出衣服款型雷同的问题，很明显，对方肯定是希望自己与众不同。这时，你可以围绕对方希望"与众不同"这个点进行说服：

"小姐，您的眼光就是独到，好东西毕竟会被大家认可，如果您觉得略显单调，我有个建议不知道您能否采纳？"

"请说。"

"人配衣裳马配鞍，衣服的个性就是搭配出来的，如果您再搭配这样一条短裙会更好。"

客户试过之后欣然接受，这样既很好地化解了客户的矛盾，又顺带推销出一条短裙，一箭双雕。

2. 将客户关注点转移到产品优势上来

当客户的注意力集中于产品的某一劣势时，不要纠缠太多，相反要重点推介优势，转移客户的注意力。

3. 对产品存在的劣势、缺点进行弥补

这是下下策，遇到比较固执的客户，希望贪图小便宜的客户可以采用这种方法。因为，这类客户其实并不在乎这些缺点不足，其真正的目的是希望以此获取更大的优惠。这种情况下，你告知他们采取什么弥补措施即可。只要弥补做得足够诱人，这类客户会毫不犹豫地购买。

在推销过程中，每个销售人员都会遇到特别挑剔的客户。此时，无论自己所推销的产品是否存在缺陷，最重要的一点就是态度要端正，明确自己产品的优劣势在哪儿，而且会应用产品的优势去弥补弱项，争取客户购买。

小 贴 士

产品的优点、缺点是客观存在的，同时也是对客户的关注点而言的。客户的关注点不同，产品的优劣势也会发生转化。因此，在评价一个产品好坏时，不能盲目下结论，需要三点合一，综合判断。

4.2.5　不要轻易暴露底线，把底牌留到最后

向客户介绍产品时一定要有层次、分步骤，由浅及深、循序渐进，把最主要的话留到关键时刻说。好钢用在刀刃上，什么时候该说什么话要做到心里有数，然而，有的销售人员与客户刚一见面就亮出自己的底牌，导致在接下来的谈话中失去主动权。

案例

一位中年女士走进某服装店，店内有两个年轻漂亮的导购员。见有客户进来，其中高个女孩小静走了过来："欢迎光临××服装店，需要什么服务？"

"我先看看。"这位女士轻轻地说，然后就在店里慢悠悠地逛，小静见客户没有主动购买的意愿，便走上前去一一介绍各项服务：

"小姐，我给您推荐一款吧，您看这边这款，是我们店新到的衣服，我给您介绍一下……"最后强调，目前正在打九折。

"这么贵？"客户随即反问道，显然对"所谓的九折折扣"没有注意到。

小静："这已经是优惠价了。"

客户的话还没说完，小静又开始介绍这款服饰有哪些优点、特色以及目前的优惠活动等，从头到尾滔滔不绝地讲解了一遍。

客户反问道："那也比别的衣服贵很多啊，既然有优惠活动，那这些优惠体现在哪儿呢？"

小静顿时哑口无言，支支吾吾了半天："小姐，一分价钱一分货，您不能以

价格来评判这些，我们的衣服的确贵点，但都是保质保量的，您可以先试试。"说着就想让客户试一试。

　　客户转身走出这家店。

　　上述案例中，导购员小静最大的失败之处在于过早地暴露了自己的折扣价，折扣作为一种促销手段，一定要最大限度地发挥它的作用。比如，客户强烈要求价格优惠时，在双方僵持不下时等关键时刻适当地使用折扣，可让对方感到优惠来之不易，从而使客户产生购买欲望。

　　反观案例中的小静，一开始就企图用"九折折扣"来吸引客户，这是最失败之处。因为绝大部分客户都有砍价的习惯，似乎是只有经过一番讨价还价才会心安理得地去接受。其实，这是一种心理现象，产品的价格再低，如果不经过这样一个过程，也很难令他们满意。小静一开始就主动降价，无疑是堵上了自己的后路。换一种思路想想，如果小静先介绍衣服的优势，激发客户的购买兴趣，待对方提出价格异议之后再亮出"折扣价"这张牌，势必会更加打动人心。

　　同样的话，表达时机不同效果也会截然不同，这就涉及推销技巧的问题。与客户交流谈判，不要轻易暴露自己的底线，可先谈论一些无关紧要的话题，或者次重点话题，或激发客户购买兴趣，或尽量促成交易。能决定谈判走势，或者有关最终结果的话一定要放在关键时刻说，以起到化被动为主动、一言定乾坤的作用。

　　在具体操作中，表达时机并不是固定不变的，而是随着谈判的进程，以及当时的主、客观条件不断变化的，很难准确地说在哪一个阶段。虽说"水无定势兵无常形"，但对于那些有经验的销售人员来讲还是有规律可循的。这些规律如下图所示。

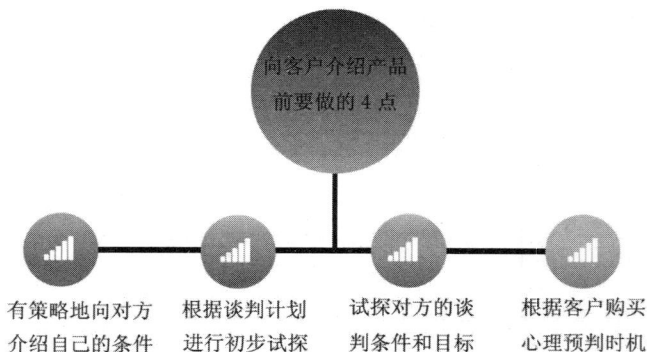

向客户介绍产品前要做的4点

有策略地向对方介绍自己的条件　根据谈判计划进行初步试探　试探对方的谈判条件和目标　根据客户购买心理预判时机

作为一位销售人员，在与客户展开正式介绍前，必须摸清客户的购买心理。只有知道客户的关注点在哪儿，才能在介绍时更有侧重性，才能在关键时刻一语中地，说服客户。

比如，你知道对方非常关注产品的价格，在谈论前期就要尽力避开这个话题，利用产品其他有利的话题去引导对方。当对方被这些产品的优势打动之后，再去谈价格，很多问题就会迎刃而解。

小 贴 士

　　把最重要的话题留在关键时刻，但这个"关键时刻"如何把握是非常重要的。推销毕竟讲究时效性，如果客户发现你始终无法围绕主题来谈，就会心生厌烦，遇到脾气急躁的客户可能会直接拒绝。

4.2.6　提供人情关怀，增强语言的感染力

某公司要求销售人员上门推销前先向对方讨一杯水喝，结果这个小小的细节大大提高了成交的概率。为什么会这样呢？因为，当我们主动向客户要水喝时，就好比给双方的人情关系做了一笔投资。对客户来讲也有同样的感受，当他们帮了你之后，就会产生一种错觉，认为必是喜欢我们才帮了我们，接下来为了保持前后一致，必须继续"喜欢"我们，故在接受产品时就容易得多。

向客户讨水喝是这样，其他方式也一样，目的就是在推销之前倾注一定的人情关系，为冷冰冰的推销赋予生命力。推销，不能仅仅着眼于钱钱交易，而是要建立在情感的基础上。

一个优秀的销售员永远要记住，你推销的不是产品，而是充满人文关怀的理念。这种推销理念，要求销售人员在向客户推销时，要尽量关注客户的内心，感知客户的喜怒哀乐。

从零开始做销售

——销售新手不可不知的销售技巧

案例

一对中国年轻夫妇在美国定居多年，妻子怀孕临产前，先生到一家商场购买孕妇用品，当时商场的营销员跟他聊了很久，最后送给他一张婴幼儿用品的广告，这位先生随手将广告扔在了购物筐里。

几天后，孩子出生了，令他没想到的是，他陆续收到免费试用的婴儿用品以及小包装奶粉。夫妇俩非常惊讶，谁在这样做呢？后来才得知，原来是自己曾经去过的那家商场，商场对光顾过的客户都有详细记录。因此，在妻子怀孕后，商场特意送上了一份礼物。

从此，这家人便成了该商场的固定客户。

在案例中，我们看到这家商场通过赠送免费生活用品赢得了客户的心，使原本再正常不过的利益往来充满了人情关怀，使客户在同等的情况下，心理上享受了更多的舒适、便利。可能有人觉得不可思议，偌大的商场如何能一一兼顾到每位客户？然而，正是这份细心关怀感动无数客户，留住了很多回头客。

销售是通过一系列的社会活动，将人们的某种需求、欲望转化为实际购买行为，没有情感的支持，任何推销技巧都会失色。在推销活动中，很多销售人员正是缺乏对客户的情感关怀，才变得自私自利，为了自身的利益，以强欺弱、明争暗斗、尔虞我诈、坑蒙拐骗。

现代营销必须呼唤一种你我共存的理想境界，营造极具亲和力的营销氛围，在营销过程中注入更多的情感因素，例如以下三条。

1. 与客户建立起融洽的关系

推销前向客户表达简单的问候，这个阶段向客户表示关心的目的是鼓励和促进客户购买产品，销售人员与客户之间建立起融洽关系。

2. 强化亲和沟通，真诚相待

力避说教式的、欺诈性的、模棱两可式的信息传递，强化亲和沟通与消费者真诚相对，多"做"少"说"，给消费者真正实惠（真正兑现承诺）。

3. 为客户提供产品的详细信息

向客户提供具体的、适合客户使用的产品，值得注意的是，这一阶段所表达的关心一定要与产品各方面紧密地联系在一起，如产品信息、服务建议以及体验感受等。

小 贴 士

企业尚且能做到对客户如此关怀，更何况我们奋斗在一线的销售人员？向客户介绍产品时，适时地送上关心和祝福比单纯地陈述更有效果。向客户表达关心的时候一定要恰如其分，轻松自然，不要给对方造成太大的心理压力。

4.2.7 利用促销品，促使客户立即购买

一提到促销，很多人马上会想到利用打折、送赠品等方式进行，这些都是最常用的方法。以书为例，同一类型经济管理的书，出自同一位作者，如果能在书中加一张讲座光盘，甚至书价高些也会好卖得多。为什么会有如此大的差距？因为光盘能给读者带来附加价值。

卖其他产品也一样，附带一定的促销品就能大大增加正品的价值，比如，地产商为招揽客户，买房子可获免费旅游；汽车销售商为提升销量，纷纷推出特别优惠，购车赠送汽车导航及 DVD 系统；等等。对于客户来说，只要能以最少的投入获得最大的回报就会购买。

通过送奖品、礼品来推销产品的策略正日益盛行。

促销是一种宣传活动，目的在于扩大产品在客户心中的知名度，但任何事物都有两面性，促销也不例外，这就好比一把利剑，运用得好可以提高产品的销量，运用得不好反而会伤及自身。销售人员在进行促销之前，一定要方式恰当，目的明确。

1. 确定合适的促销品

促销品通常是指那些印有公司标志，派发给客户的礼品。然而，促销品绝对不是你直接送给客户就完事了，它是公司为了推广产品或者让客户进一步了解公司品牌、产品及最新动态而特别设置的一种附属品。换句话说，就是促销品要将引导作用发挥到最大。

选择促销品必须符合以下 4 个特征，如下图所示。

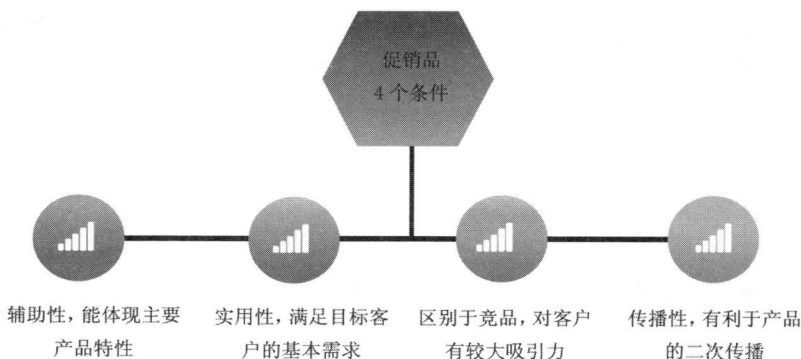

辅助性，能体现主要产品特性　实用性，满足目标客户的基本需求　区别于竞品，对客户有较大吸引力　传播性，有利于产品的二次传播

2. 选择正确的促销方式

客户的需求是千变万化的，面对同一产品，他们的要求是不一样的。因此，需要根据客户的消费特征进行分类，根据分类再采取不同类型的促销活动。

（1）联合促销

联合促销是低成本促销最有效的一种方法，能用较小的成本获得较大的效果。是指两个或两个以上的商家，针对某一特定的产品进行交换，共同面对消费者的促销方式。以达到优势互补，互通有无，通过优势互补，使促销费用由多家承担，从而降低了投资成本，实现共赢。这种促销方式主要包括同行业之间的联合、跨行业之间的联合，以及经销商的联合等。在运用这种方法时，需要注意的是，合作双方必须具备相同或相近的目标市场，否则，很难充分发挥各自的优势，形成优势互补。

（2）游戏促销

这种促销方式是经营者利用一些构思奇巧、妙趣横生的游戏或竞赛吸引消费者参与进来。利用这个机会把企业信息，或者产品信息传达给消费者。这类促销方式以趣味性、娱乐性为主。比如现在流行的广场秀，设计者总会设计一些游戏让观众参与，如提问"一分钟谁重复的店名多""一分钟内说出产品的十大卖点"以及诸如拼图游戏、搭积木比赛、跳棋比赛、猜字谜等。这些游戏设定的真正目的不是比赛，而是通过比赛更深入地了解企业，了解产品。

这种促销形式新颖，规则简明，也能在很大程度上吸引儿童、年轻女性的购买欲望，优势在于寓教于乐，在给消费者带来娱乐的同时增加其对品牌的认知度。

（3）会员制促销

会员制指的是商家以制度的形式成立一个正式的或非正式的组织，向组织内的成员承诺一个或多个利益点，从而实现组织与个人利益最大化。人作为社会群体的一分子，在心理上有一种团体归属感，很多商家就充分利用了这种心理，开展了会员制促销。

会员制促销是一个全面、综合的促销活动，通常消费者只要缴纳一定的费用，或者购买一定量的产品就可成为长期会员，从此，享受该公司定期制定的购买优惠。会员制促销是汇聚大多数人的力量，集中起来搞推销，是节省资金、扩大销售的一种非常好的形式。但是在建立会员制之前，必须有严谨的组织筹划，清晰的目标，否则，极易导致计划流产或在具体实施过程中出现不必要的麻烦。

在商业领域内，追求利益的最大化是铁的法则，降低成本、提高利润是每个创业者孜孜以求的目标。在销售过程中，要先给消费者提供更物美价谦的产品，最大限度地满足客户需求。

小 贴 士

促销活动有三个目的：扩大知名度、提高美誉度、吸引新客源。可以针对三个目的同时进行，也可以选择其中一个有针对性地进行。为门店客户提供专业服务，提高品牌和门店的美誉度，扩大销量，为品牌和门店增加新的客源。

第5章

破解拒绝：
深入挖掘客户需求

拒绝，是销售活动中一个主旋律，每个销售人员都不可避免地遭受客户的拒绝。没需求，质量太差……拒绝的理由可谓多种多样，但无论什么理由我们都必须抓住对方的心理，只有知道对方的心理意图，才能破解，有针对性地制订解决方案。

5.1　破解心理，分析客户说"不"的原因

从事销售行业要有一个积极乐观的心态，因为我们每天都要面对很多拒绝。作为一名优秀的销售人员不能因此感到沮丧，而应该振作起来，努力改变现状。认真观察、逐一分析，破解客户说"不"的真正原因。

5.1.1　拒绝是对陌生人本能的防御

第一次上门推销，就被对方拒绝："您好先生！冒昧地打扰一下，我是××保险公司的，我想向您推销一款理财保险产品……"话还没讲完，对方就极不耐烦地打断了我："什么？保险？我不需要保险，我什么问题都没有，你别再说了！"

听了客户的话，我感到既尴尬又窘迫。

不过我还是强忍着说："请您听我把话讲完，好吗？我认为……"

"对不起，我对保险毫无兴趣！"

"既然这样，我下次再来拜访您吧！"

就这样，我绝望地离开了。

类似的情况，想必很多销售人员都遇到过，有时还没有开始推销就被拒之门外，无缘无故被客户拒绝，甚至遭受辱骂、奚落。客户为什么一见到推销就会拒绝？后来我才慢慢地有所体会，其实，任何人在接受陌生人的推销时都会有不同程度的抵触。大部分客户属于这种情况，如果你能站在客户的角度来想问题就会明白。客户之所以拒绝你的推销，完全出自一种自然防范的心理，而且这种防范是人的天性，是一种下意识的"自我保护惯性反应"。

从心理学角度分析，其根源在于长期与推销员打交道的过程中形成了一种固有的"经验"判断，这种"经验"的程度是如此深刻，以至于客户好像都不需要考虑，只要发现是销售电话，尤其是在电话刚刚接通的开场阶段，客户就会本

能地拒绝。

当客户对自己有防范心理时，他们的内心是紧闭的，对你说的每一句话都有本能的排斥心理。面对客户这类拒绝，关键是想办法突破对方的心理关，只要突破他们这道心理防线，自然会被信任、被接受。

销售人员不要再埋怨客户，而是要学会一点心理学，从心理方面获得突破点。本能的拒绝完全是由于不熟悉、不了解而带来的，最有效的应对策略是消除陌生感，尽快与客户熟悉起来。为了达到这个目的，需要在态度上、行为上做出改变。

1．态度上

（1）理解客户，不要斤斤计较

很多销售人员对客户的拒绝有一种莫名的恐惧，尤其是没理由的拒绝，往往会变得手足无措，方寸大乱。从严格意义上讲，这种因陌生而带来的拒绝，并不能称得上是真正意义的拒绝。因为它表现得更多的是一种担忧，换句话说，只要你能消除对方心里这丝担忧即可成功。

（2）坦诚相待，该说的一定要说清楚

坦诚，是一个销售人员必须具备的心理素质，在与客户交谈时表现得真诚一点，在遭到客户拒绝之后不应该消极下去，相反，更要积极，把想说的话明白地讲给对方听，给客户留下一个好印象，这种印象一旦在客户心中形成，将对以后的推销有很大帮助。

（3）尊重客户

当客户拒绝你，但又没有一个正当理由时，心里也在犹豫，会很矛盾。客户尽管拒绝了你，但也希望得到你的尊重，受到你的礼貌接待。作为销售人员，应该理解客户的心理需要，主动满足客户的需要。

2．行动上

一旦发现客户表现出了防范意识，销售员要特别注意自己的言行举止，尽可能地用舒缓、温和的语调与客户进行沟通，让客户感到放松，不要硬性推销。在沟通过程中要证明自己，证明产品信誉，消除误解，建立信任。当客户心情放松下来并对你产生信任时，这种防范心理自然而然会得到消除。

小 贴 士

　　客户之所以在拜访之初就拒绝你，是源自内心的"自我保护"心理。作为一名销售人员，如何在面对完全陌生的客户时有效避开自我保护的触发点十分重要。这需要在心理上调整自己，在行动上改变自己。

5.1.2　拒绝是一种主观能动反应

　　拒绝心理通常发生在那些没有主见，缺乏独立分析能力的客户身上，他们的拒绝往往缺乏事实依据，全靠自己"想当然地以为"或者"道听途说"，缺乏认真的分析和思考。

　　这类客户非常固执，如果认为你的产品不够好就会油盐不进，充耳不闻。女性在购物时常常犯这样的错误。

案例

　　导购员："您好，小姐，这是××品牌今年最流行的一款衣服，非常适合您这个年龄段的女孩。"

　　客户："××品牌？我听朋友说这个牌子不太好。"

　　导购员："我们店开业五六年以来一直在经营这个牌子，客户反映非常不错。"

　　客户："这是老牌子吗？"

　　导购员："看来小姐不太了解，今天刚好有这个机会了解一下。您看这款长裙，上乘的面料，新颖的款式，独特的设计，这都是其他服饰很难匹配的。"

　　客户："多少钱？"

　　导购员："小姐第一次光临，那我就给您一个优惠价，800元。"

客户："在我的印象里，这款衣服价格好像低很多。"

导购员："您说的是其他牌子吧，款式相似，牌子不同的市场上有很多，而且即使是同一个牌子的服饰，价格也会略有不等。"

客户："是吗？我觉得你们这个产品还是有问题，比起其他品牌差远了。"

客户说着就走出了商店，根本不再听导购员的解释。

现实生活中，像案例中这样的客户非常多，他们的拒绝主观意愿十分强烈，基本上没有任何理由。其实，仔细分析一下，这些拒绝理由完全是无中生有，他们连自己也不知道在说什么。因为他们并不是对产品不认可，而是出于自己的主观判断，缺乏客观依据，带有很大的感情色彩。

这类客户在拒绝你的时候有一个明显的特征，总爱说"我以为""我听说"等口头禅，比如，他们常常会说：

"我很讨厌这种造型！"

"听朋友说过，他去年买这种产品非常不好用。"

"昨天晚上我做了梦，今天我最好什么东西都别买，以免上当。"

"我知道，你们这类产品都是金玉其外、败絮其中，我可不会轻易上当。"

遇到这样的客户，销售人员先要进行一番认真分析，然后用事实让他们认识到自己的错误。

1. 不做实质性的回应

对客户的主观意见不做实质性回应，等客户发泄完了，再用自己的真诚和热情引导客户进入愉快的沟通氛围当中。用一种开玩笑的方式回应客户的牢骚，不要企图纠正或者反驳客户的观点。当你表现得足够宽容时，客户就不会与你斤斤计较了。

2. 引导客户改变固有的认识

由于客户对产品的拒绝往往仅凭他人的一面之词，因此，他本人并不是十分了解。这时，销售人员必须改变客户脑中的这一错误观念，应该引导客户使用，以强化产品优势在客户心中的印象。但通常又不能直接对客户说"你不了解我的产品"或者"对方的没有我们的好"，这难免有点王婆卖瓜自卖自夸的味道。最重要的一点就是让客户切切实实地去体验一下，让客户亲身体验到产品的价值所在。

3. 改变交流方式

当客户拒绝你的时候，对方很自然地就会有一种排斥的心理。对客户的不同意见，销售人员千万不能直接反驳，否则会引起客户更大的排斥。这时不妨改变一下说话方式，表达方式不同，客户的感受也不同。比如间接否定法，先认可对方的意见，然后提出与客户不同的意见。这些方法可以避免直接触发客户的抗拒点。

小 贴 士

客户的拒绝只是一种主观上的表达，可能是源于对你或者对你的产品缺乏足够的了解，或者受到他人的影响产生的误解。针对此类客户，销售人员应该做好引导工作，与客户加强沟通，帮助客户纠正意识上的错误。

5.1.3　拒绝是因为有过失败的购买经历

还有一类客户拒绝接受推销是与自己的失败经历有关，比如，曾经被骗，或者有过不愉快的合作经历。与前两客户相比，这类客户提出的拒绝往往是有事实依据的。销售人员此时需要提醒自己：眼前的客户是非常理智的，很可能对自己所推销的产品相当了解。

所谓"一朝被蛇咬，十年怕井绳"，当客户有过失败的经历时，会对所有的推销员以及同类产品形成一个较坏的印象。这种印象深深地刻在对方的脑海里，这时，面对销售员的推销，对方内心处于高度戒备状态，任凭销售员怎么介绍，也很难再次接受。

从零开始做销售
——销售新手不可不知的销售技巧

销售人员："唐先生，您是否可以给我一点时间，允许我为您推荐一款人寿保险呢？"

客户："我再也不相信你们保险员说的话了。"

销售人员一愣，似乎意识到什么，对方可能有什么苦衷："您对我有什么不满，请直言？"

客户："好了，我现在什么也不想说，你还是走吧。"

销售人员："遇到什么麻烦说出来可能会有更好的解决办法。"

客户："保险公司培训出的都是一个模样的人，油腔滑调，耍嘴皮子！一套一套的，嘴巴甜得要命，都是假的。"

销售人员："我猜您一定是被人骗过。"

客户："我曾被一个保险推销员给蒙骗了，有时候想想，其实任何保险都没有像你们说得那么好。"

销售人员："这到底是怎么回事？"

在这位销售人员的劝解之下，客户终于说出了真相，原来他曾经投保了一家骗子公司，不但没有得到应有的保费，而且连本带利都搭进去了。

案例中这位客户迟迟不肯接受推销，显然是没有走出以往失败经历的阴影，以至于缺乏足够的信心去正视现实。针对这类客户，销售人员要表达自己的同情之心，理解客户的遭遇，首先在情感上建立共鸣；然后深入交流，帮助客户解决遇到的问题，进一步打开客户的心扉，整个过程分以下4个步骤。

1. 耐心倾听

对有偏见的客户，有时候听比说更重要。因为他们正处于抗拒状态，很难听进你所说的话，你完全处于被动地位。这时唯一可做的就是耐心倾听，及时了解客户，发现客户存在的问题，从而有针对性地解决。

2．弄清情况

导致客户购买过失败的原因有很多，作为销售人员，我们要彻底弄清事实原诿，给对方一个合理的解释。既不能盲目地把全部责任推到同行身上，也不能埋怨客户自己有错。而是要根据实际情况，认真分析，查找原因。

3．解决问题

弄清楚到底是谁的问题后，即使不是自己的问题，在有能力解决的前提下，一定要负责到底，或退货，或调换；如果确实是客户自身问题，就要明确地告诉对方，让他们意识到自己的错误。

4．开始推销

将上述所有的问题都处理好之后，便开始推销自己的产品。由于客户曾经有过这方面失败的经历，最好的做法是为客户提供确凿的证据，打消他们心中的疑虑。比如，多向其出示产品相关资料和权威认证等。

小 贴 士

客户之所以对产品有偏见，可能是产品本身出了问题，也可能是销售人员的服务态度出了问题。因为产品质量、性能等问题都是客观存在的，完全在可解决的范畴之内。而有的销售人员不能正视这个问题，大大影响了客户的购买情绪，致使情况进一步恶化。

5.1.4　推销中常见的 5 种托词

客户在对产品有了初步的了解之后，往往会以各种理由提出质疑，甚至提出一些过分的要求。作为销售人员要明确客户购买前的心理，真正的原因不是对产品了解不够，相反是有足够的了解。他们之所以如此做，是想以此获取更多的额外利益。比如，客户提出价格过高，排除价格真的很高之外，无外乎有两个目的，一是要求降低价格，二是获得额外加成。

以此类推，举一反三，只要确定对方提出的质疑只是一个借口，就需要考虑对方的真实想法了。

遇到这种情况，每个销售人员正确的做法是，及时了解客户当时的心理状态，提出解决方案。

下面我们就来简列几种常见的拒绝理由。

1. 没需求

客户能否购买你推销的产品受多种因素影响，在推销的初级阶段，谁也无法确定客户是否真有需求。客户没有购买需求，自然会拒绝购买，然而这绝大部分是借口。所以，当客户说他们"没需求"时，销售人员暂时不要急于自我否定，要创造机遇，探索对方内心要表达的实情，让对方把感受说出来。

案例

小王是一名空调销售人员，遇到这种情况他总能够想办法让客户改变最初的想法。

市里新开发了一套住宅区，这里的住户家境都非常不错，小王连续接了好几个订单，他断定一定还有很多潜在客户。于是，他决定一一上门拜访，在拜访过程中他认识了一位客户：张先生，家里着实正计划安装空调，可对方一再表示不需要，并直接将小王拦在了门外。

小王自然不会轻易放弃，凭着他多年的经验，这是陌生人一种本能的拒绝。

小王再次敲开门直接说："先生，冒昧地问一下，您是暂时没有安装的想法，还是已经有了其他购买计划？"

"我希望有时间自己去商场看看。"

"我明白了，您是对我们不信任吧？"

"上门推销的有几个靠谱的？"

"如果我们的产品更有优势呢？"

"有什么优势？"

这时，里屋传来一阵女声："既然那么好，就进屋说吧。"

小王趁机进屋，待坐下之后，就向对方详细地介绍起来，由于小王已经把所有的优势都介绍清楚，对方也就接受了。最后客户说："那就在客厅，卧室各装一部吧。"

就这样，小王又做成了一单生意。

案例中的小王是一个善于变通的销售员，正是他这种优秀品质助他成功取得了订单，他在遭到客户的拒绝之后，善于激发客户的潜在需求。在推销中，如果你能成功激发出客户的需求，那就成功了一半，正如管理学大师德鲁克认为："与发现、满足客户的需求相比，创造需求更加重要。"

与客户打交道，最主要的工作内容就是引导、激发和创造客户的需求，因为 80% 以上的客户并没有明确需求，即使有绝大部分人也不会主动说出来。所以，销售人员把客户的需求从潜在的状态变得明确起来，是必须掌握的一项技能，也最能考验一个销售人员的智慧和能力。

2. 质量太差

前面我们谈到，质量关是产品的第一大关，不但影响市场效益，还直接关乎客户的切身利益。正因为质量问题如此重要，客户常以产品存在质量问题而拒绝销售人员推销的现象也极为普遍。

☆ **案例**

一次，我给某客户推销软件，对方连听也没听就急急忙忙地拒绝了我："软件软件，管用吗？毕竟是机器，最好用的还是自己的大脑。"

他的话令我丈二和尚摸不着头脑，经过进一步的沟通我了解到：原来，他曾经有过几次购买软件的失败经历，使用效果都不是特别好，从此以后就对所有软件产生了反感情绪，致使一听到我是推销软件的，就干脆拒绝了。

了解到这种情况之后，我并没有直接去推销，而是与他谈起了曾经那些失败的经历，并帮他分析其中的利弊，有很多都是人为操作失误。再加上我的精确演示，重新激发起他对软件的信任。

很多时候，客户对产品质量的异议并不是产品本身的问题，而是一种误解。作为销售人员要深入了解，帮客户分析原因，找到症结所在。

这并不是说，我们可以把客户的异议都当作借口，毕竟，人言可畏，客户对产品质量存有异议就怕口口相传，一传十，十传百。客户的任何不满都有可能决定该产品能否被认可和接受。所以，当客户提出质量方面的异议时，无论是否属实，销售人员都要认真对待，引起足够的重视，尽快打消对方的疑虑。

3. 没时间

推销时，很多客户会不耐烦地说"对不起，我很忙""我现在没时间""我没空"；有时候本已预约好的，对方也会以各种理由再三拒绝，这些托词听起来很客气，实则就是隐形的拒绝。

⭐ **案例**

客户："我这段时间比较忙，没有时间。"

销售人员："林先生，我十分了解您非常忙，您是事业有成的人嘛。这样好了，明天中午我们共进午餐，利用午饭时间，把合同续签了怎么样？"

客户："明天中午恐怕不行。"

销售人员："那您什么时间方便呢？如果您太忙无法外出，我就带资料亲自拜访您。"

客户："谢谢，我最近几天都忙，改天再说吧。"

销售人员："林先生，您工作繁忙我特别能理解，所以我也不想耽误您太多的时间，今天正好拜访您公司附近的一个客户，我们可以利用几分钟的时间交流一下。另外，我们公司正在免费发放一些关于技术方面的资料，相信对您一定有所帮助的。您看，我们约在上午还是下午？"

客户："既然这样，你就上午10点之前过来吧。"

销售人员："好的，那回头见。"

这位销售员成功预约了这位繁忙的客户。我们暂且不论对方是否真忙，但就凭这位销售员天衣无缝的说辞，即使客户真的有事要外出，也必然会抽出几分钟时间来接待。主要原因有二：第一，直接表明自己的时间概念，不会耽误客户太多时间；第二，摆出了会见能带来的利益。

4. 没钱

"我没钱""我买不起""我没预算""你的产品很好，就算想买现在也没有钱。"在销售中，销售人员总会听到客户类似的话语。

一般来说，客户的购买能力是一定的，有就是有，没有就是没有，好像与销售人员的努力没有关系。所以，当客户说"不好意思，我现在没有钱买"时，或许客户真的没有购买能力。大多数销售人员听了这话就泄气了，直接放弃。

凡是有经验的销售人员，不怕客户说"没钱"，因为他们知道，客户所说的"没钱"是极有弹性的，只要愿意买，钱的问题并不是没有办法解决的。一般而言，客户以"没钱"为由拒绝推销分两种情况：一种为确实没有钱，经济比较紧张，另一种是有钱，没钱只是客户的推托之辞。那么如何应对这两种情况呢？

（1）的确没钱

客户如果实在没钱，就算你销售水平再高，就算你挖空心思，可能也没有办法成交。如果你面前的客户连续多次都以没钱为由拒绝你的推销时，恐怕你要另觅他法了，因为客户可能真的没有能力购买你所提供的产品或服务。

（2）客户的推托之辞

若客户口袋里有钱，只是以"没钱"为借口推托，你可采用以下方式，继续推销。

"所以嘛，我推荐您用这种产品来省钱。"

"所以嘛，我才劝您用这种产品来赚钱。"

"您怕负担过重吗？这点您不必担心，现在有银行信用贷款，非常便利、轻松，或者您可以办理分期付款，每月只需付一点点钱不是轻轻松松吗？"

"只要您每天省下一杯咖啡或一包烟的花费，就足以支付每月分期付款的钱而拥有这么好的产品。"

"哎呀，别开玩笑了，我不相信您每月抽不出这么一点点钱。"

以上几种应对方式的目的都是缓解客户的拒绝心理，暂时化解客户的拒绝，进而将你的推销导入正常的推销程序中。如果客户能认同产品带给他的利益，"没钱"这一拒绝理由自然而然不再成为他的托辞或借口。

如果你推销的产品确实让客户感到"物超所值"，能解决客户的实际问题，一般个人或私人机构是否有钱或是否有预算将不是最重要的问题。因此，销售人员遇到客户以"我没钱"作为拒绝说辞时，不要一下就被这种借口击退。

5. 拿不定主意

有时，销售人员详细地向客户介绍完产品之后，客户会说"我要考虑一下""我要考虑考虑""我们不会轻易下决定""让我再想一想"诸如此类的话。

当客户以"我要考虑一下"为借口时，销售人员可按照以下三种方法进行应对：

（1）紧追不舍，等客户做决定

当客户听完销售人员对产品的介绍后，表示想要考虑一下，或者要求销售人员下次再来时，很多销售人员会直接对客户说："好的，您先考虑考虑，有需要请急时给我打电话。"销售员这样做是不恰当的，其实这时应该紧追不舍，继续交流下去，设法弄清楚客户的考虑点是什么。并且提醒对方，自己必须留下来共同决定。

（2）巧用问句促使购买

在对客户的考虑点紧追不舍时要注意谈话的方法，可采用询问的方法逐步去挖掘，进而提出有针对性的解决方法，促使客户购买。

可以这样问："先生，您说您要考虑一下，说明您对我们的产品还是有兴趣的，对吗？"这样询问既给客户留出了充足的反应时间，又可为下一句推销起到辅助作用。

一般来讲，客户都会说："是的，我们确实有兴趣，我们会考虑一下的。"

接下来，你应该对这句话进行确认，暗示客户要真的考虑："先生，既然您真的有兴趣，那您一定会认真地考虑是吧？"值得注意的是，"考虑"二字一定要缓缓地说出口，并且要以强调的语气说出来。然后，你可以举出一些例子，分析这样做的好处。最后，你可以把问题转向其他地方："先生，您是不是还有其他顾虑，比如钱的问题呢？"如果对方确定真的是钱的问题之后，你已经打破了"我会考虑一下"的定律。但若客户不确定是否真的要购买产品，那就不要急于在金钱的问题上去结束这次交易。

（3）提出问题的关键

我们常常的"趁热打铁"，做销售也是如此。如果客户说出"我要考虑一下"，销售人员应该趁反对意见刚萌生之际，继续将话题延伸开来，否则待其滋长下去，购买欲越来越淡，成交就会变得很难。

这时可以进行以下对话：

销售人员："实在对不起。"

客户："怎么了？"

销售人员："请原谅我没跟您说清楚，让您有不明白的地方了，能把您的顾虑说出来吗？"

这样，既显得销售人员认真、诚恳，又可以把话头接下去，使客户愿意看看样品，亲自体验一下操作过程。

销售人员还可以直接跟客户说："要不您先看看样品，看完之后您再决定。本产品的特别之处就是……"这就是在进一步激发客户的购买欲，一步一步引导客户购买。可能客户从你提供的资料介绍中迅速抓住了一些关键疑点，正是这些疑点，使客户下不了决心。

小　贴　士

任何一个成功推销实例几乎都伴随着客户的拒绝。不要害怕被拒绝，销售人员应该站在客户的立场，与客户一起讨论问题，寻找解决问题的方法，把最终的决定权掌握在自己手中。

5.2　积极应对，处理客户异议常用的方法

客户异议是多种多样的，处理的办法也千差万别，销售人员要根据具体情况，因时、因地、因人、因事分别采取不同的办法去应对。只有做到有针对性、有侧重性，才能有效地处理，达到预期效果。

5.2.1　冷处理

理论上，对客户提出的问题、异议要马上处理，给以回应，这既是销售人员的工作要求，又可以最大限度避免客户产生不满。但在特定情况下，采用冷处理的方式效果会更好，比如，客户情绪过于激动，言辞过于激烈时。

案例

某销售人员在推销时遭到客户的拒绝：

客户："按摩保健产品，这都是骗人的，一年前我就吃过这亏。"

销售人员："打扰了，你先坐下来，慢慢说。"

"当时，我经不起那个推销员的百般劝说，就买了1000多元的保健品，口口声声说能治疗腰肌劳损、坐骨神经痛，最后证明一点效果没有。老实对你说吧，吃亏上当只有一次，我再也不会被你们的花言巧语蒙蔽了。"

推销人员："先生，您这是一朝被蛇咬，十年怕井绳。其实像您说的这种情况很多人都遇到过，虚假宣传，盲目扩大功效，您说对吗？"

客户："对，就是瞎忽悠。"

推销人员："您对我刚才的介绍感到哪些地方有夸大、虚假嫌疑，没关系，说出来我们分析分析。"

上述案例中这位客户的情况就属于"情感"方面的异议，由于曾经不愉快的经历而对产品产生了质疑。我们称这种异议为无效异议，或者非实质性异议，对销售结果没有决定性影响。化解这种异议最好的方法是冷处理，把谈话从感情问题上转到事实，避免其在不愉快的情感上过多停留。

冷处理，顾名思义，就是对客户的异议不予以正面回应，暂时缓缓，甚至不予理会。这里的"冷处理"并不等于完全不处理，除极少部分可以不理会外，绝大部分异议只是暂缓。具体来讲，这需要根据实际情况而定。

①自己不熟悉的异议；

②一些技术性较强的异议；

③核心异议；

④明显是托词、有意发难、无法回答的异议。

对于前三条一般采用延缓处理的方式：先将问题记录下来，待作深入了解之后再来回答，或是让专业技术人员来回答。这样，可使客户感到他的意见受到了你的尊重，就比仓促回答的效果要好。对于第四条可不必回答，或巧妙回避，转移话题即可。

在运用冷处理方法时，有一个注意事项需要引起每个销售人员足够的重视：这种方法处理客户异议的范围比较小，通常只适用那些无关的、无效的、虚假的异议。所以，销售人员应专心、认真听取客户提出的所有异议，并对这些异议鉴别分析。

小 贴 士

当与客户产生激烈的冲突时，不要立即着手解决，如果放一放，等对方平静之后再做处理效果会更好。低调处理，甚至不闻不问、不理会，都可以使对方冷静下来，收到良好的效果。

5.2.2 反问法

不少销售人员在应对很多客户以提问的方式表达自己的不满，或者提出比较难以回答的问题时，常常会犯一个错误：喋喋不休地向客户解释。结果，不但没有达到预期效果，反而令客户不辞而别。这时候就要适当地考虑运用反问法，把问题再丢给客户，打开客户的话匣子，从而弄清楚他们的真正意图。

案例

客户："这款三星N9005怎么卖？"

销售人员："3800元。"

客户："你们这儿为什么这么贵？其他店要便宜300多。"

销售人员："这是正规的体验店，都是正品行货。我们店里型号比较多，什么价位的都有，关键看您想要什么价位的。您想要什么价位呢？对内存有什么样的要求？"

客户："3000元左右的就可以，内存在64G左右应该就基本满足要求了。"

销售人员："这几款都能满足您的基本要求，对于外观您有什么其他要求吗？"

……

客户："你们这儿具体的售后服务都包括哪些？"

销售人员："按三星公司的正规流程走，7天内免费换，三个月免修，全国保修3年，还可以延保，不知道您有什么具体的要求吗？"

……

客户："价格太高了，再便宜些吧。"

销售人员："那您认为最低多少钱比较合理呢？您说说看，看我能不能接受。"

……

上述案例中，客户屡次提一些犀利的问题，比如，是否是水货，最低价格等。这位销售人员也巧妙地进行了反问。通过有效的反问把问题抛给客户，同时引出对外观、功能等的关注。这都是因为销售人员合理地提出问题，并引导客户说出心中所想。

提问是了解客户的最佳方式，通过提出问题，针对客户的问题进行反问，可以确定客户的喜好，对产品的关注点，以及客户对产品价格的承受范围等。

采用反问的谈话方式可谓是一举多得，有利于谈话的进一步深入，是推销员利用客户异议来反问客户以化解异议的方法，如果无法确定客户产生异议的真实想法，通过及时询问可以把握真实根源。

同样，销售人员在运用反问法时有以下几方面注意事项：

①只针对客户提出的主要、关键问题进行提问，而那些次要的、无效的异议则不必。

②运用次数要适可而止，当客户不愿意配合时要尊重客户的意愿，避免对方产生反感情绪。

③注意语气和态度，反问不同于质问，因此语气、态度上要多加注意。

小 贴 士

有效提问是销售人员与客户展开沟通的一种重要形式，作为销售人员，要善于利用提问的方式，促使客户做出回答，准确地反馈客户的需求。

5.2.3　比较法

细心的销售人员会发现，商店会把不同档次、不同价格的商品尽量排列在同一区域。千万不要认为这是一种很随意的行为，其中暗含着很多营销的门道，目的是引导客户去比较。

事实上，大部分客户在选购时也会多方比较，再三权衡，当客户拿不定主意时，这种对比效应就显现出来了。

☆ **案例**
- - - - - - - - - - - - - - - -

徐先生打算买一把办公椅，他在家具店里看到两种椅子，一种800元，一种1500元，表面上看起来差异不大，试了半天也不确定买哪个。

导购员小希见状走上来："先生要买椅子吗？"

徐先生："这两把椅子看起来风格差不多，价格为什么相差这么大？"

"先生，您也试过了，您觉得两种椅子哪个更舒服？"

"还是那个贵点的。"

"没错，这两种椅子表面上看没什么区别，实际上它们坐垫内的弹簧数是不一样的，从健康上考虑，不良的坐姿对脊柱不好，很多人脊柱、颈椎或腰部出现问题就是因为长期坐姿不良而引起的。选椅子一定要选那种能让您保持良好坐姿，从而保护好身体健康的椅子，您说是不是？"

"我再分别试一下。"

就在徐先生试坐的过程中，小希仍在介绍："这种1500元的椅子就充分考虑到了客户的健康问题，在里面增添了许多弹簧，老实说，那种800元的椅子中看不中用，是卖给那些喜欢便宜人的。我认为，这种更适合您。"

听了小希的详细解释后，徐先生心里想：别说只贵700元，为了保护我的脊柱，就是再贵一些我也会购买这张椅子的。

上述案例中小希的成功之处在于，当客户对两种椅子的价格感到困惑时，她能及时地通过对比法，进行引导、示范，不断强调1500元那款椅子的优点，说明能带来的好处和利益，从而使客户改变想法，认为价格是合理的，这样才有了后来心甘情愿的购买。

面对客户提出的价格异议，销售人员不要与客户发生激烈的争辩，因为争辩一点效果也没有。不要急于答复，而是拿自己的产品与客户自认为好的产品做比较，突出自己产品在设计、性能、声誉、服务等方面的优势，让客户意识到产品贵得合理。这是因为产品的价格在明处，客户看后就会一目了然，而产品的优势在暗处，通常不易被识别。销售人员应把客户在价格上的视线转移到其他优势上来，实现优势互补。

小 贴 士

不同厂家生产的同类产品在价格上存在差异往往与某种优势有关，因此，推销员在介绍产品特点的同时，还可以提及它所具备的其他公司产品所不具备的各种好处，使客户觉得价格虽然稍贵，但还是可以接受的。

5.2.4　补偿法

补偿法就是通过对客户的异议进行补偿来达到化解异议的一种方法。任何产品都不是十全十美的，如果客户看到了产品的不足与缺陷，销售人员应承认缺点的存在，理智客观地对待客户异议，并针对这些错误和缺陷作必要的补偿，让客户看到产品还是有很多值得肯定之处的。

长处大于短处，优点多于缺点，客户肯定会购买。

案例

马森是某餐具商贸公司的销售员，一天，他与某餐饮公司王经理就一批餐具达成了供应协议。没想到当天晚上对方就打来电话，说是发现了其中掺杂着次品，要求退货。马森尚不知情，对方就挂掉了电话，他当即决定明天赶紧联系客户详谈这件事情。

　　马森来到客户办公室，本想向客户解释一番，没想到，刚一进门，客户就暴跳如雷，从椅子上跳了起来，一个箭步冲到自己面前，开始指责马森如何不负责任，如何不讲信用。原来在卸货的过程中，客户发现产品中有很多次品。

　　马森查看过现场之后，意识到当前无论如何解释，也很难平息客户心中的气愤。他灵机一动，走到客户面前，用平和的语气说："您花了钱，当然应该买到满意的东西，我愿意按照您的要求重新办这件事。"

　　听到这句话，客户的怒气立即消了一半，接着问："你计划怎么办？"

　　马森说："目前，我尚不确定是哪个环节出了问题，您也知道从生产到装货、检验有很多环节，任何环节都有可能出现纰漏。您能否给我一天的时间，我马上展开调查。不过您放心，给您造成的损失，我会给您相应的补偿。"

　　见马森言之有理，客户也客气了很多，似乎意识到了自己刚才的失态。便说："好吧，次品先退还给你，其他的暂时按原计划进行，希望以后别出任何差错！"

　　马森只用几句话就平息了客户的怒气，重新获取了这笔订单。此事传到公司，领导大大地赞赏了马森的行为。任何产品都有自身的优劣势，在劣势的确存在的情况下，销售人员要学会正视这个问题。不要把产品缺陷当作秘密，因为客户会把这种行为当作是一种欺骗。相反，当你坦白地向客户说清楚，将产品的劣势和盘托出，也许会获得客户的谅解。即使客户仍有所不满，起码在他们心中你树立了一种讲诚信的良好形象，这也为你接下来的推销奠定了基础。

　　产品存在某些缺陷，即使非常微小也会让客户感到物非所值。这时销售人员就要改变策略了，或者采取一定的弥补措施。只要客户能获得额外的利益，不平衡心理也能很快得到缓解。

　　所以，当客户提出产品存在某些缺陷时，销售员要对不利点做好心理准备，并尽快采取措施弥补，尽可能地占据更多的主动权。

小 贴 士

在运用补偿术时，销售人员应注意以下几个问题：

第一，销售人员通过调查、检验等多种手段来确认产品存有缺陷的事实。

第二，销售人员在确认产品存有某种缺陷和不足时，应马上提出产品与成交条件有关的弥补措施，而且不能随意改动。

第三，销售人员应进一步针对客户的主要购买动机进行补偿，淡化异议，强化利益。

5.2.5 预防法

为了防止在推销过程中被客户的异议打乱节奏，在推销前，销售人员应对客户可能提出的异议进行预设，并制定多种处理方案。

有经验的销售人员都知道，在谈判时，几乎所有的客户都会提出某些异议，而这些问题都大同小异，对付这些异议的方法也是有章可循的。因此，不少销售人员在平时就将最常用的方法汇编出来以备不时之需。

案例

我带领的团队是全公司最优秀的团队之一，始终保持着较高的订单量。这与我倡导的一个好习惯有关，即每周一都要召开一次经验总结会，从一线推销员到高级市场策划，每个人都要参加。

具体程序：

（1）所有的销售人员将遇到的异议写下来，集中讨论，分类统计；

（2）按照每一类异议出现的次数多少进行排列，出现频率最高的排在前面，出现频率最低的排在后面；

（3）以集体讨论方式编制应对方法，最终编写整理出来，每个人熟记于心；

　　（4）扮演销售人员和客户，分组练习，在一对一的练习中发现不足;

　　（5）通过讨论进行修改，对修改后的方法再练习，最后定稿。印成小册子发给大家，以供随时翻阅，达到运用自如的程度。

　　预防法，最主要的是防患于未然，因此运用这种方法的关键是需要提前做足准备，而且这些准备要力争做到准确有效。比如，对客户异议的预判，对应对策略的演练必须做到符合实际，符合客户的利益。所以，每一个销售人员在推销实践中要善于思考，时时总结，无论是成功还是失败，都要把经验总结出来。

　　再者，要与其他成员充分交流，学会分享，实现互通有无，全面发展。

小　贴　士

　　预防，毕竟是一种防护措施，并不能指望它解决所有问题，它最大的局限性在于容易限制人的思维，生搬硬套。因此，在推销过程中，销售员遇到问题或突发情况时还须灵活使用，临场发挥。

第6章

谈判是一场战争：
　　唯有努力拼才能取得胜利

成交是销售活动的最终目的，能否顺利实现成交是衡量整个销售活动成败的唯一标准。这就需要销售人员与客户展开谈判。销售谈判是指销售人员为了把自己的产品以最高的价位、最低的成本推销给采购方所进行的磋商，目的是成功地签订销售合同。

6.1 谈判技巧，将主动权牢牢握在手中

商业谈判中，有风和日丽，也有狂风暴雨，风和日丽时需要柔式沟通，狂风暴雨时需要刚式沟通，很多时候还需要以柔克刚。不同的情境中需要有不同的沟通方式和技巧。因此，销售新人要掌握多种谈判技巧，将主动权牢牢握在自己手中。

6.1.1 常用的谈判方法

商场如战场，买卖似用兵，商业谈判就是一场没有硝烟的战争。商业管理专家一直强调，成功的交易主要依赖于谈判的艺术，很多优秀的销售人员都是谈判高手，这使他们往往能轻而易举地说服客户。

因此，作为销售新人，在谈判桌上要多运用一些谈判技巧和方法，与各式各样的客户周旋，并取得最终胜利。

★ 案例

小王是某家玩具制作公司的推销员，这家公司的主打产品是儿童玩具，由于质量和信用都非常好，在业界享有极高的知名度，其产品遍及市内所有中高档商场。小王听说，市内一家新的商场正在招商，为了更好地展开推销，他去拜访了商场的负责人夏经理。

这是一家综合性商场，处于市中心地带，地理位置好，交通便利，每天都有很多客户光顾。小王想，如果自己公司的产品能打进这家商场，将会创造极高的销售额。也正因为此，这家商场对入驻的商家要求非常严格，没有足够的实力是无法入驻的。

正值2012年圣诞节，小王所在公司推出了一批圣诞儿童玩具，欲与商场进行合作。于是，小王与夏经理进行了沟通，商谈入驻的细节。

谈判是一场战争：唯有努力拼才能取得胜利

小王自恃产品质量过硬，在行业中是无可争议的第一品牌，每年销量都在上升，消费者也非常认可。商场方面仗着财大气粗，提高了进店费用，小王极为不满，双方互不相让。

第一次谈判以失败而告终。眼看着圣诞节临近，再不抓紧时间，在圣诞节前商场不能及时推出该产品，很可能会错过最佳的销售时机。这将会给公司造成巨大的损失。所以，小王想出了一个给客户施加压力的办法，促使对方作出让步。

小王认为，商场是一家新公司，目前正需要高质量品牌为其打开市场，而自己公司所生产的产品本来就有固定消费群体，与全国很多著名经营商都有业务往来。对于商场来讲，通过这个品牌可以获得更大的业绩，打破自己的经营"瓶颈"。孰轻孰重，对方一定能权衡利弊。

另外，圣诞礼物每年的销售高峰都在圣诞节前二十天，所以对商场而言，时间就是金钱，而且越临近圣诞谈判的筹码越低，此刻使用时间的紧张性来迫使对方让步的策略是非常正确的。于是，小王大胆地使用此策略，告知客户自己已经在联系多个商家。

此言一出，夏经理果真非常着急，小王觉察出了夏经理的犹豫不决，反而将心态放平和了，在最后时刻等待对方作出让步。

由这个案例可知，在使用给客户施加压力策略之前，一定要分析一下双方的谈判力量，只有在你处于绝对优势的前提下，才可以使用此策略；就像案例中的小王，对自己推销的产品有清晰而正确的认识。如果你处于谈判的劣势，千万不要试图用此策略，否则，就相当于搬起石头砸自己的脚。

上述案例中的小王采用的就是施加压力法，通过向客户施加压力，迫使客户尽快做出购买决定。据一项心理实验表明，人在遭受巨大的压力和打击的情况下最容易动摇。在产品推销或商业谈判中，谈判双方也都在或明或暗地给对方施加各种压力，谁顶不住来自对方的压力，谁将会失去大利益。

在产品推销或商业谈判中，双方都会有很大的压力。销售人员也应该把握客户的这一心理，利用人害怕承受压力的心理向客户施加压力，从而促使客户立即购买产品。

但施加压力法也是一把"双刃剑"，运用得好可以促进销售，运用得不好反而会给客户带来沉重的心理压力。因此，在运用施加压力法时需要对外谨慎，其实，除此之外，还有很多谈判方法和技巧可供选择。

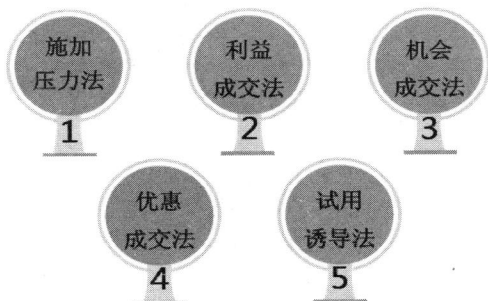

1. 利益成交法

利益成交法是指向客户展示产品的所有优势，让客户对产品的优势，以及购买产品后的利益有明确的了解，以此来促使客户尽快做出购买决定。这种方法是对销售产品的一种重复，但通过概括汇总，将利益集中到了客户所关心的要点之上，所以对促进客户内心还是非常有效的。

比如，化妆品销售员对一位中年妇女这样说："本公司推出的增白露，增白功能只是其中一个优点的，更重要的是它还具有保养皮肤的功效。你想啊，一个女人到了中年皮肤会失去光泽，弹性减弱，她们会更重视皮肤的保养。"

销售人员的一席话，既对所推销的产品优势进行了强化，又增强了客户的购买信心。

2. 机会成交法

机会成交法是通过向客户提示最后成交机会，来促使客户立即购买产品的方法。其实质是利用了客户的机会心理，向客户施加压力，增强成交的说服力与感染力。

"机不可失，时不再来"，一般情况下，人们都希望获得稀有的东西，机会越少，想获得的心理越强烈。在推销中，如果你能及时地向客户传达这样一个信息，让客户对产品引起注意，让其明白一旦错过这种机会便会后悔，这样便会使客户认真考虑是否应该抓住。

3. 优惠成交法

优惠成交法是一种通过为客户提供优惠条件，使他们做出购买决定的成交方法。它利用了客户求利，爱占便宜的心理。这种方法的最大优点是便于发展销售人员和客户双方的关系，吸引大批的客户，有效地促成交易。

值得注意的是，长期使用这种方法必然会助长客户更进一步的要求，从而失去本身的激励作用。因此，运用此法需要紧密结合经济核算，优惠费用则必然由企业或客户的某一方或双方承担，特别是在薄利多销难以达到预期效益的时候，易在客户心目中造成优惠成本转嫁的心理，从而也会影响该方法的使用效果。

4. 试用诱导法

试用诱导法是给客户试用一段时间，让客户真正地感受到产品的效果，最终达成交易的成交法。这种方法是根据心理学上的一个原理：

一般情况下，人对未用过的东西不会觉得是一种损失，但当其拥有之后，尽管认为产品不那么十全十美，然而一旦失去总会产生一种失落感，甚至缺了就不行的感觉。所以，人总是希望拥有而不愿失去。产品给 10 个客户试用，一般会有 3~6 个客户购买。还有一点，客户试用产品后，总觉得欠一份人情，若觉得产品确实不错，就会买下产品来还这份人情。

这种方法主要适用于客户确有需要，但疑心又较重，难以下决心的时候。此法能使客户充分感受到产品的好处，增强其信任感与信心，一旦购买也不会产生后悔心理，并可加强两者之间的人际关系。但试用期间要经常指导用户合理使用，加强感情沟通，使用后要讲信誉，允许客户退还且不承担任何责任，如此才能让客户最后掏钱购买。

小 贴 士

销售谈判是买卖双方不同利益群体之间，为达到以较少投入获得利益最大化的目的而从事的经济活动。谈判中，双方都在竭力维护自己的利益点，因此，销售人员在满足客户利益的同时，也要保证自己的利益不受损失。这是谈判的出发点，也是落脚点。

6.1.2　不该说的话不要说

谈判中有很多禁忌，不该说的话一定不要说。商业语言是一种特殊的语言，在特定的场合，面对特定的人群，就需要用特定的语言来表达，否则就有可能导致整个谈判工作前功尽弃，半途而废。

有些销售人员，尤其是新人在说话时不够慎重，结果在无意中伤害了客户的情感。比如，"您穿这身衣服可真逗！""这张名片显得多土！""您家这楼真难爬！"等。这些脱口而出的话也许没有恶意，但是其含有的贬义听起来难免会令客户不大舒服。

还有的销售人员见到客户后喜欢炫耀自己，动辄一股脑地讲一大堆专业术语，保险有"豁免保费、费率……"股票有"变盘、暗盘""K线、均线""除权、除息"等。这些难懂的专业名词对于普通客户来讲，很难理解，不但不利于谈判的进行，还让客户犹如坠入云里雾里，特别反感，拒绝也就在所难免。

销售人员的职责就是把这些术语，用通俗易懂的话语表达出来，让客户明明白白地接受，这样才能达到有效沟通的目的。

杰克·韦尔奇说过，"不分时机地推销，只有死路一条。"他告诉每位销售人员要尽量摆脱客户这些消耗，明确什么时候该说，什么时候不该说。这也为广大销售人员提了个醒，在与客户谈判时如果能减少语言失误，将会避免很多不必要的麻烦。所以，销售人员要时刻管好自己的嘴，用好自己的嘴，知道什么时候该说什么话，不该说什么话。

商业语言，作为谈判信息交流的一种主要工具，必须体现它的规范性、严谨性。那么，哪些语言是销售谈判中不该说的呢？主要有以下6种禁忌。介绍一下。

```
   ①                    ②                    ③
带有贬义色彩          带有否定意          责备、呵斥性
   的词语               义的词语             的词语

        ④                    ⑤                    ⑥
   有歧义，意思          撒谎、夸张不         "哼""哈"等
   含混不清的            实的词语             口语词
     词语
```

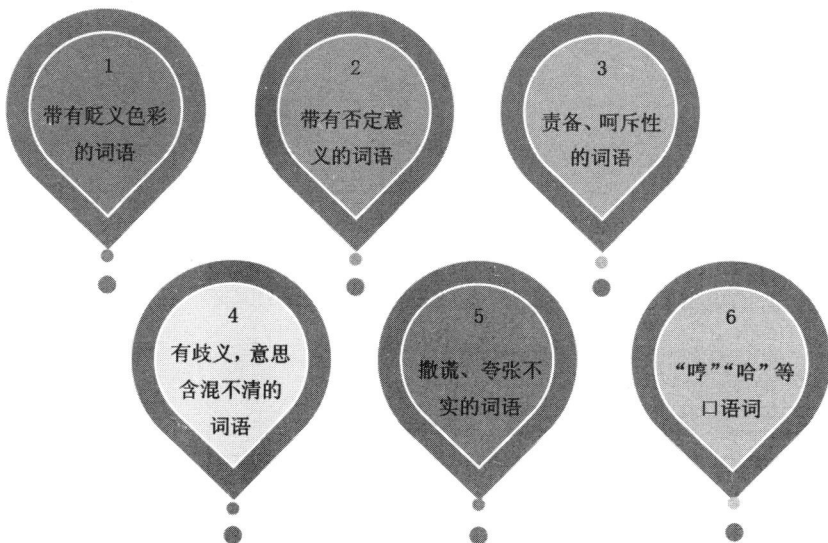

1. 带有贬义色彩的词语

按语言的感情色彩可分为褒义词和贬义词，褒义有赞扬、尊重之意，贬义词有侮辱、恶意中伤之意，而且常给人以压抑、不安的感觉。

常见的带有贬义色彩的词语有：反对、异议、批评、疑虑、烦恼、危险、遗憾、责备、欠缺、困难、讨厌、妒忌、怀疑、吝啬、鄙视、反悔、害怕、为难、犹豫、慌张、心虚、扫兴、挑拨、忧愁、悲伤等词语，与客户交流时，这些词语应尽量少用或不用。尤其是在表达褒义时，更不要用否定的贬义词，虽然否定 + 贬义词也能表达褒义的意思，但效果则大不一样。

比如，"不麻烦""很方便"虽为同义，但用"很方便"就要比"不麻烦"好得多。

2. 带有否定意义的词语

从语言的性质来看，语言又有肯定和否定之分。带有否定意义的词语，不、没、非、无、不用、不必、不行、不可、不好、不许、不是、不见得、不值得、没法子等，以及"你不要、不想、不准备、不愿意……"句式。

这类否定词语不可多用，否则容易造成谈判双方的对立，使矛盾深化，产生不良心理效果。

3. 责备、呵斥性的词语

我们经常听到，不少销售新人在与客户谈话时，毫不客气地打断对方，"你别讲了""我插一句""你不对""根本不是这样"，这些带有命令、呵斥语气的话让人十分不舒服，容易使人产生反感情绪。也许你在说的时候没有明显感觉，但听者难免会耿耿于怀。

换一个角度讲，如果将"你不对"改为"我认为"，把"根本不是这样"改为"应该这样说"，效果则会大大改观。

4. 有歧义、意思含混不清的词语

与刺激性的词语相比，有的推销员用词拖泥带水，显得不够坚决，比如，"我好像认为""你是否可能""或许大概""老实说""说不定……恐怕……"这类词语使人产生猜疑，而猜疑正是说服工作的大忌。

5. 撒谎、夸张不实的词语

夸张不实的词包括"就是行""无限好""绝了""绝无仅有""了不起""特等""超级""完美无缺"等。在推销中过多地使用这类词语，会给人一种不踏实，不真实的感觉。这类词乍一听很吸引人，但时间久了也就习以为常、充耳不闻了。

6. "哼""哈"等口语词

有些人说话爱用口语词，"哼""哈""嗯""呀"等，难免使人觉得你语无伦次、啰啰唆唆，缺乏自信，使人产生疑心、厌烦以及蔑视的情绪。

小 贴 士

谈判语言要做到"三思而后言"，在开口之前，一定要考虑清楚该说什么、不该说什么，该说的又该如何用词。不要因为言语不当而得罪了客户，失去订单。

6.1.3　"三要"与"两不要"

在谈判中，买卖双方为了达到目标必然会展开一系列的明争暗斗，且这种争斗更多地体现在心理上。因此，常常是虽不见刀光剑影，鲜血逆流，却能最大限度地消耗双方的耐心和精力。

因此，销售新人在与客户谈判时，一定要注意力集中，目的明确，将优先的时间和精力运用在做核心的问题上，也就是说，要明确什么能做，什么不能做，什么时候该做什么。从细节处往往可以看出一个本色，根据我多年的市场经验，要做到"三要"和"两不要"。

1. "三要"

（1）要有耐心

做销售要把"耐心"带足，做充分僵持的准备，销售持续越久，对方的心理防线越容易崩溃，关键就看谁能坚持到最后。比如，我在一次销售中，谈了三四个小时，连上厕所的时间都没有。尽管双方一直僵持，进展缓慢，但谁都明白此时双方已经精疲力竭，谁耐心不足，谁就会方寸大乱，功亏一篑。最后，他们终究没有熬过我，在很多问题上不再坚持。

（2）要保留底线

很多时候，谈判的圆满结束是以双方的相互妥协而达成的，双方应该本着"付出多少"，而不是一味地要求"获得多少"。付出，就意味着要做出让步，但让步一定要有底线，可让什么？要让多少？如何让？何时让？先厘清，做到心中有数。否则，就会失去销售的主动权，面对对方的咄咄逼人必然会束手无策，任人宰割。

（3）要随机应变

与客户交流时很多因素是难以确定的，犹如盛夏的天气，瞬间就会变，当客户心理发生变化时销售策略也需随之改变。若遇到突发情况，先施缓兵之计再图谋对策，千万不可盲目求快，避免中了客户的圈套。

2. "两不要"

（1）不要在有压力的情况下推销

从零开始做销售
——销售新手不可不知的销售技巧

　　有经验的销售人员在与陌生的客户展开推销时，难免会有或大或小的心理压力。这是因为这些压力并非来自自己，而是与客户本身，以及周围的环境有关。比如，客户性格暴躁，情绪急躁，周围的环境太吵，室内温度过高或过低等，对于这些，销售人员必须做好准备。

　　为了使自己做出正确的决策，若发现不利于自己推销的人或环境，切勿介入展开推销。相反应及时提出来，要求换个地方，或者建议暂时休息一会儿，做好自我调节，问问自己为什么感到紧张，探究一下具体原因。

　　（2）不要过多讨论主观性的问题

　　在商言商，与销售没有关系的话题最好不要过多地谈论，比如涉及政治、宗教等主观意识较强的话题，无论是对是错都对推销没有实际意义。一些销售新人经验不足，在与客户的交往过程中无法把控客户话题，常常被客户牵引着走，当谈到一些主观性的话题时容易发生争吵，吵完之后一笔业务流失，想想有什么意义呢？

　　优秀的销售人员在遇到类似的情况时往往会巧妙地转移，即起先随着客户的观点展开，发觉有所分歧时马上将话题转移到其他重点上来。总之，与销售无关的东西应全部放下，避口不谈，尽量杜绝犯错，才会有利于销售。

小 贴 士

　　如果销售对手喜欢打球，不妨在会谈前寒暄，刻意提及，将对方的戒备心先行缓和；若有时间，更可邀约一起运动，以培养宽松的销售气氛。须知，在这时球场就是另一张谈判桌，有助于销售达成。

6.2　轻松成交，成不成功就看这临门一脚

成交，是推销活动的最终目的，在这之前的一切努力都是为了达成交易。然而，这一目标的实现也不是顺顺利利的，而且越是在关键阶段越容易出现这样或那样的差错。由此可见，推销的成功与否关键看这临门一脚。

6.2.1　富兰克林成交法

据说，富兰克林每做一件事情都有一个习惯：取出一张纸，拿笔在上面画一条线，左边写上做这件事情的好处，右边写上做这件事情的坏处，这样，这件事情是否该做就一目了然。这种方法又称为理性分析法，通过正反两方面的对比，来分析该事情是否具有可操作性。

在谈判中，应用这种方法也可以收到良好的效果。当然，我们重在突出优势，弱化劣势，即鼓励客户考虑事情的正面，强调购买的重要性和必要性。

案例

王小姐："我手里还有其他公司的产品，我感觉那家公司的产品不错。"

刘先生："对王小姐我是非常了解的，您是那么好学，而您手中的那套产品是某家公司出版的，只是一个人在主讲。我介绍的这套课程是很多专家在主讲，这等于是集所有专家的精华在这套课程里面。A公司一套课程卖2800元，只有10个光盘；我们这套课程也卖2800元，共有24张光盘，您对比一下，是不是觉得这套课程物超所值。"

王小姐："是的。"

这样的话只要得到客户的认可，成交也就是顺理成章的事情了。

在客户犹豫不决，无法下购买决心时，你不妨将购买后的优势、劣势明明

白白地告诉对方，优缺点一目了然，让他们自己权衡利弊。其基本做法是：在一张纸上画出两栏，呈"T"字形，左边表示肯定，右边表示否定，即把购买某产品的一切好处排序写在左栏，将客户感知到和可能感知到的不利点写在右栏。

　　一般来讲有两种做法：

　　一种是销售人员自己完成：销售人员提前或当场将优缺点都写出来，对比分析，讲给客户听；

　　另一种是客户协助完成：双方各写一份，销售人员写优势方面，客户写劣势方面。

　　相比而言，第二种做法更有利于客户进行比较，说服力强，能让客户感觉到我们只是帮他分析，做决定还在于他自己。

　　理性分析交易看似繁杂，却是解除客户内心顾虑的最有效方法，尤其是当客户犹豫不决，处于买与不买之间时，更需要用这种方法帮他们做决定。此种方法适合果断型和分析型客户，因为这符合他们强调理性的特点；也适合于已有多次接触，彼此间建立了一些人际关系的客户，因为这能让客户更容易坚定购买决心。

小 贴 士

　　"富兰克林成交法"就是要搞清产品存在的优缺点以及两者之间的关系，要承认产品存有缺点，但不能直接讲给客户，而应以优点来淡化缺点，当客户发现产品的优点多于缺点时，就会产生购买之心。

6.2.2　双簧黑白脸

　　我们都知道，谈判时双方的底价、时限、权限及交易条件等内容，均属机密，谁先掌握了对方的底牌，谁就会赢得谈判的主动。但是，对方不会实事求是地告诉你，即使在谈判桌上谈得明明白白，你也需要仔细揣酌一番。

　　商务谈判技巧有很多，下面我们来解释商务谈判技巧中的"黑白脸"法。我们结合以下案例来看看什么是黑白脸法，再来解释它在商务谈判中如何使用。

案例

供应商王经理："小李，我们这个电路板的价格不能再降了。"

采购小李："说实在话，这个价格与我们以前采购的价格差不多，公司应该可以接受，不过我需要征询采购经理的同意。"

供应商王经理："好的。"

过了一会儿，小李从采购经理办公室出来，但是明显脸色难看。

采购小李："王经理，您好，刚刚采购经理将我臭骂一顿，本月2号公司高层开了一次经营分析会，对成本特别关注，要求降低成本30%。"

供应商王经理："降低30%？"

采购小李："对，这个是硬性指标，采购经理告诉我考虑到您是长期合作伙伴，所以要求您只降低20%，怎么样，您是否可以接受？"

供应商王经理："好吧，我回去考虑一下。"

在谈判中，经常会有这样的情况发生，卖家所使用的就是"黑白脸"谈判技巧。

其实，在谈判中经常会使用"黑白脸"技巧。比如我们去卖场里购买家用电器，当谈论到价格或者赠品而处于僵持阶段时，导购会说：这样吧，看您也是诚心想买这台空调，我现在打电话请示一下我们经理吧，看看能否8折给您。接着，导购就开始打电话，之后，或者微笑地告诉你：经理同意；或者无奈地告诉你：实在没有办法了。

黑白脸技巧的原理：黑是压力，是痛苦，是紧张，是威胁；白是快乐，是希望，是缓和。在谈判中，一会儿给对方痛苦一会儿给对方快乐，让谈判对手的思绪上下浮动，借此打乱对方的部署，以达到让对方退让的目的。

这里边有一个心理学原理：人的思绪在上下波动时理智会降低。俗话说恋爱中的女人和男人智商为零就是这个原理的体现，男朋友来了短信很开心，自己回了过去，对方没反应，自己又会不高兴，这便是理智难以得到控制的体现。

在使用"黑白脸"技巧时，有一些关键点需要我们注意：

1. 谁是黑脸，谁是白脸

采购李经理："老王，这批纸箱必须在下周三全部到货。"

供应商老王："李经理，您是这个周三才告诉我的啊，按照生产计划我们估计要 10 天左右才能交货。这么快要货的话，需要工人加班加点，增加了我们的成本。"

采购李经理想了一下，说："这样吧，这批货特事特办，每个纸箱加 1 元，但是你们务必下个礼拜三送到我们仓库里面。"

供应商老王无奈地笑了笑，说："我也不敢保证啊，现在工人都是求生活不求生存的，让他们加班也未必乐意。这样吧，我回去请示一下宋总，看看他的意思。"

第二天早上 10 点钟，供应商老王打电话给采购李经理。

"李经理，我向宋总请示了一下，宋总考虑了一天，说考虑到您公司是我们的长期客户，所以同意了，但希望您那边按照加 1 元的价格购买。"

这个案例里面，供应商老王是黑脸，宋总是白脸，这也是较为常见的情况，下属是黑脸，领导是白脸，这也是为什么"恩出于上"。也会有例外，当作为采购方时领导经常又是黑脸，把下属痛骂一顿，目的是给供应商看的，让供应商"知难而退"。

2. "唱黑脸"后如何收尾

有黑脸威胁甩门而去，也一定要有白脸出来收场和局，要不然这场谈判很容易破掉。黑脸出来破局后要怎么善后呢？要善后就要看当初破局是怎么破的。大致有三种情况：

第一种情况，也是一般人常碰到的，破局后可以加以忽略，来个相应不理。虽然谈破了，下次继续谈，像什么事都没发生过一样。今天破局了，对方拍桌、掀桌，我下次继续约你谈，一点都不把这事放在心上。这牵涉到谈判的人必须有高情商，虽然对方破局了，就当作是玩给你看的，你还要继续谈，将它忽略。

第二种情况是，破局之后找白脸。上述情况便是由白脸出来收拾残局。如果还想玩，没有白脸是不行的。比如我是卖方，谈了之后破了局，我不卖了。第二天，派一个白脸去，要对方别放在心上，刚才那人回去已经被骂了等。买方破也可以派白脸去。在这里还要注意策略的运用，过多久白脸才去？是马上去，还是过了一会儿才去？这都要根据实际情况而定。

但是，如果破局之后对方没有找白脸来，该怎么办？这时你必须决定要不要继续玩下去，如果不玩了，那你只好也走人，表示这场局将一破到底了。

小 贴 士

当谈判对手使用黑白脸策略时我们要识破它，不要被白脸迷惑，也不要被黑脸吓倒。我们使用这个策略时要有章法，不能失去控制。而且在性格方面要互相吻合，不能让柔弱的人去演黑脸，也不能让暴躁的人演白脸。

6.2.3　好奇成交法

好奇心是人的天性，如果你能成功激起客户的好奇心，你就有更多的机会进行推销，也更容易取得客户的信任，与客户建立起稳固的关系，从而抓住客户需求，获得客户的成交机会。

案例

广东曾有一家房地产公司，开发了一个楼盘，很长时间卖不出去。后来老板就想了一个主意：在《南方日报》上做广告。但他只打了五个字："寻找碧桂园！"这五个字整整占了一个版面，给人很强的视觉震撼。报纸出版后，很多读者都注意到了这五个大字，但不知道到底什么是碧桂园。很多人都心想：碧桂园是什么？

过了几天，他又在《南方日报》上登了一整版："有人发现了碧桂园！"这下引起了读者更大的好奇心"碧桂园是什么？"这个大大的问题悬而未决，甚至有人打电话到报社问。

又过了几天，同样的报纸，同是一整版广告："碧桂园是你安在广州的家！"

这时，人们才恍然大悟，"碧桂园"原来是一个新建小区，由于连续三个版面宣传这块房产，很多人都在关注它。当知道碧桂园原来是一个新建小区时，好奇心被激发的客户忍不住前去咨询。很快，客源打开了，客户在了解之后决定购买。

很多销售人员把无法打开市场的原因归结为投入不够，宣传力度不够。从上述的案例中可以看出，市场效应与投入大小不成正比，不是投入的人力、物力、财力越多，市场效应越好，而在于要抓住消费者的心理需求，激发客户购买的好奇心。

因此，销售人员谈判前，首先要唤起客户的好奇心，激发客户的购买兴趣，然后再趁机转入实质性的谈判。关于如何激起客户的好奇心，我总结了3种简便易行的方法，具体如下。

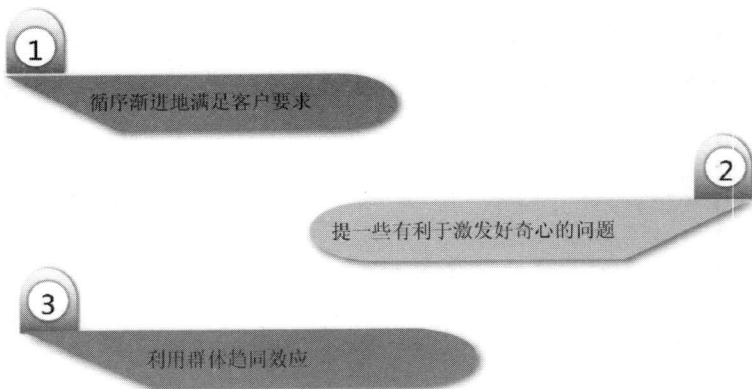

1 循序渐进地满足客户要求

2 提一些有利于激发好奇心的问题

3 利用群体趋同效应

1. 循序渐进地满足客户要求

很多销售人员为满足客户，就不厌其烦地向其陈述公司、产品以及能带来的利益等一切信息。有时候，提供的信息越多，越会降低进一步了解的欲望。

向客户提供与产品有关的信息，的确会引起客户更大的期望值，而如果毫无保留地提供全部信息则会大大降低客户的欲望。试想一下，如果你拜访的客户已经掌握了他们想要的所有信息，他们还会对正式会谈保持强烈的欲望吗？

2. 提一些有利于激发好奇心的问题

人们总是对未知的东西比较感兴趣，而提出刺激性问题可以激发客户的好奇心。比如，"我能问个问题吗？"大多数人会回答："好的，你说吧。"这是因为大多数人不仅仅对请教的问题感兴趣，而且还有好为人师的心理，有的甚至还会主动为你提供更多的东西。因此，与客户谈判时，要多提出一些能激发思考的问题。

3. 利用群体趋同效应

群体趋同是指，多个事物或人之间相互影响，从而形成相同或相近的适应性。基本上人人都有习性，比如，你周围的人都说肯德基好吃，你也会觉得很好吃；如果大多数人说肯德基鸡肉中含有促成激素，对人体有害，你自然也认为肯德基不能再吃了。

与客户交流时销售人员可以运用群体趋同的心理效应，让客户觉得众人都有某种共同的趋势，这会使自己也产生同样的心理。

销售人员激发客户的好奇心时，还必须根据具体的情况进行说服。一般来讲，要注意以下两方面。

一方面，销售人员无论以何种方法引起客户的好奇心，都必须做到出奇制胜。由于每个客户的文化水平、经历背景不同，爱好兴趣也不尽相同，某人看来新奇的事物，另一人看来并无新意。销售人员绝不可弄巧成拙，增加接近的难度。

另一方面，销售人员无论以何种方式引起客户的好奇心，都必须与推销活动有关。如果客户发现销售人员所玩的把戏与推销活动完全无关，可能会立即转移注意力，并失去兴趣，无法进入推销过程中。

小 贴 士

激发好奇心是促使客户购买的重要一步，客户的好奇心越强，进一步了解产品的欲望越强，参与购买的动力越大。只有充分激发客户的好奇心，才可能发现更多的需求，传递更多的价值，销售业绩才能得到提高。

6.2.4　选择成交法

选择成交法，也叫作"以二择一"法，通常是指销售人员在假设推销成功的基础上，有意识地为客户提供两种购买方案，以供选择。比如，"您是要白色的还是黑色的？""我们约在周六还是周日？""首付是现金还是贷款？"等，这都是选择法的运用。当你这样问客户的时候，客户不是考虑买与不买，而是考虑该买哪一种。

这种方法最大的好处在于能很好地限制客户的购买范围，当客户正在犹豫是否购买时，你应该抓住机会，用选择法促使对方做出决定。

"二选一"式的问法可大大节约时间，提高效率，同时也有利于对方做出回答，直截了当，简短有力，可使销售人员在最短的时间内了解客户。

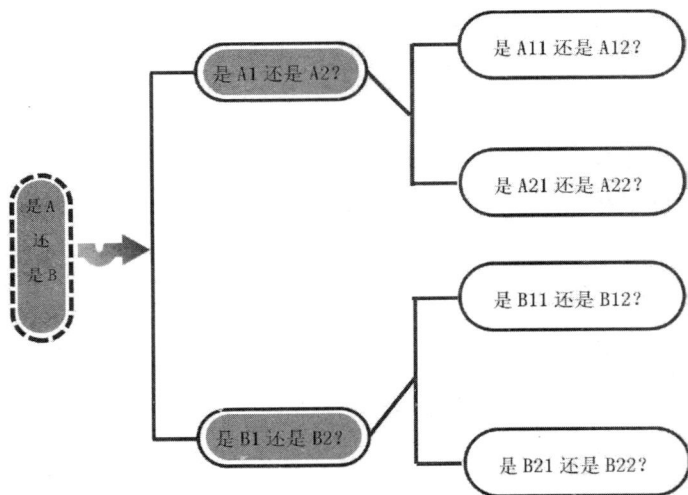

以上是"二选一成交法"示意图，就是让客户在限定的二者之间做出一个选择。千万不要直接问"对方需不需要""买不买等"。这时，你会得到两个答案：

需要或不需要；买或不买；如果你直接问，"你需要 A 还是 B ？""你买 A 还是买 B"等，一般情况下，对方只能选其一，要么是 A 要么是 B，这无疑给客户一个选择的机会。

选择成交法的优点是把选择权交给了客户，让其在预先设定好的范围内进行选择，充分地调动客户的参与积极性。可能有人会提出，让客户手握选择权，岂不更容易失去谈判的主动权？其实不然，因为我们所设定的选择范围都是针对促成购买结果的，其无论怎样选择都有利于最终的成交。所以，这样做不但不会失去主动权，反而可以减轻客户的心理压力，制造良好的成交气氛。

好方法是成交的捷径，二选一法的巧妙之处在于通过思维定式，促使客户尽快做出购买决定。但由于这些选择是在假设客户会购买的基础上的，因此也存在一定的风险性。二选一法则有适当的使用时间，不要动辄就使用二选一法则。销售人员使用"二选一"法时应注意如下图所示的 5 个事项。

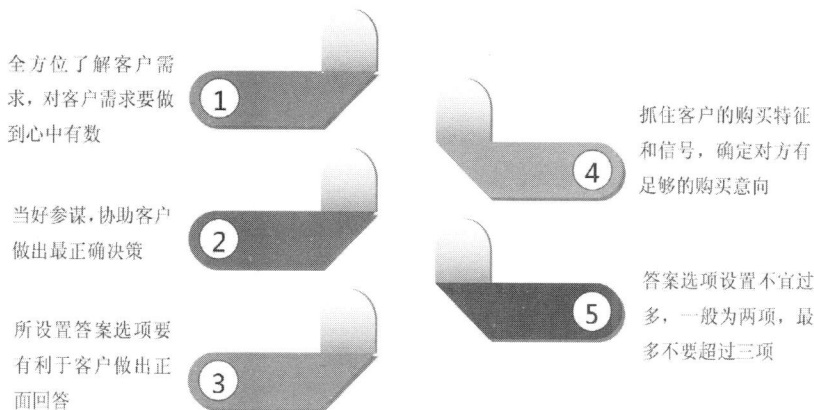

全方位了解客户需求，对客户需求要做到心中有数 **①**

当好参谋，协助客户做出最正确决策 **②**

所设置答案选项要有利于客户做出正面回答 **③**

④ 抓住客户的购买特征和信号，确定对方有足够的购买意向

⑤ 答案选项设置不宜过多，一般为两项，最多不要超过三项

小贴士

　　"二选一成交法"通过限定客户的选择范围，以快速、有效地达到成交目的。这是因为将谈话聚集某一范围之内，会更有针对性，防止客户的谈话脱离主题，提高成交的效率。

6.2.5　迂回成交法

在谈判过程中，很多销售人员都喜欢与客户正面交锋，以便最快、最直接地了解对方。但很多时候什么情况都可能出现，在谈判桌上不便于说的话，或者对方已经很难再听进去时，就不应再强行谈判，而应采取迂回前进的方式，在谈判桌下实现。

所谓迂回法，是指通过迂回，使对方松懈，然后乘其不备，巧妙探得对方的底牌。这种方法在谈判桌上一般不用，而在谈判桌以外则是最常用的方法。

案例

某电子厂决定从美国引进一条技术流水线，厂方派市场部经理江雁协同技术员共同与美方代表展开谈判。谈判中，美方凭着自身的资金、技术优势故意提高产品价格，一副盛气凌人的样子。由于对方处处施压，一度使谈判陷入僵局。

几经交涉，美方就是寸步不让，声称他们的技术生产线是世界上最好的，宁可不成交也坚决不降价。

面对窘境，江雁当即表示不能接受，建议暂停休会，给对方一个迫不得已、无计可施的假象。事实上，江雁利用休会时间与美方展开了周旋，暗中派随从技术员赴周边市场进行调查。调查了解到，美方所谓的这个世界一流技术，在欧洲、日本等国非常普遍，而且价格还很低。之所以私自抬高价格，是因为该厂正陷于与竞争对手争夺中国市场的旋涡之中，为了在中国这个空白市场中有个高起点，才企图提高产品价格的。

了解到这个情况之后，江雁再次来到谈判桌上，不露声色地坚持要求降价，否则退出谈判。美方似乎意识到什么，反而爽快地答应了所有要求。因为美方心里也十分清楚，如果失去这次机会，他们将失去进军中国市场的良机。

上述案例中，江雁就成功地运用了迂回策略，在对方的不断施压下，谈判陷入僵局，久久无法打开局面，他巧妙地派人去调查对方，相当于切断了对方的后路，逼迫对方做出让步。

谈判是一场战争：唯有努力拼才能取得胜利

在谈判桌上，当双方互不相让，正面交锋受阻时，不直接表示反对，而是暂时避开争论焦点，另寻其他机会。从侧面发现对方的弱点，然后针对其弱点发动进攻，这就是迂回成交法。

谈判中的 4 种迂回方法如下表所列。

方法	解释
双关法	一语双关，言在此而意在彼，即谈判时不直接阐明我方意见，而是通过谈一些与谈判相关的、具有双重内涵的话题，含蓄委婉地表达出来
以攻为守法	当对方提出我方无法接受的条件或要求时，不要直接拒绝和反对，就某些要害问题，找准时机转攻为守，给对方以猝不及防
引诱自否法	对方提出刁钻问题或无理要求先不直接给予答复，而是旁敲侧击提出自己事先构思好的相关问题，让对方做出回答，并诱使对方在回答中露出破绽，从而达到自我否定的目的
先认可后否定	先认可对方的意见和要求中非实质性的内容，找出双方的共同点，然后对双方存有分歧的内容提出自己的意见和看法，以启发和说服对方

迂回方法能巧妙避开主要矛盾，从对方的薄弱之处发动进攻，但是在运用时也有很多事项需要注意，比如，迂回要言之有理，持之有据，不能信口开河，脱离谈判主题。

小贴士

销售人员应该学习迂回术，以便在谈判桌上掌握主动权。有些话在谈判桌上不便直言，便需要拐弯抹角地去讲；有些人不易接近，便需要逢山开道、遇水搭桥；搞不清对方葫芦里卖的什么药时，不妨多绕几个弯子、多兜几个圈子。

6.3　收回货款，没有回款一切等于零

回款工作在销售管理中的重要性越来越突出，对于个人而言，能否顺利收回货款关系着业绩大小，也决定着企业的利益能否真正实现。因此，尽量在短时间内收回货款成为销售人员工作的主要内容之一。

6.3.1　回款不力可能带来的风险

销售人员的工作并非仅仅把产品销售出去，更重要的是在将产品卖出去的同时，还要把货款收回来。没有回款的销售等于零，只顾完成高额的销售任务而忽视了货款及时回收，这样的工作是无效的，还很可能给你及你所在的企业带来风险。

在当今这个买方占据主导的市场中，货到付款已经成为最常见的交易方式。然而，由于很多销售新人缺乏回款意识，再加上个别客户缺乏诚信，很多时候回款难上加难。中国企业信用风险管理做过的一项问卷调查显示，2017 年只有67.4% 的企业能如期收回货款，30% 的企业遭遇过恶意欠款。可见，无法及时回款造成的恶性循环，无论对个人还是企业，其危害都是非常大的。

1. 对个人业务开展的阻碍

对于销售员本人而言，回款难会使其在以后的交易中陷入更大的被动。因为，你在推销时，一方面需要完成销售任务，另一方面需要应对账款过长可能造成的风险。也就是说，当一个人既要考虑产品的推销，又要考虑产品销售之后的回款风险时，势必会相互影响，引发矛盾。比如，如果以销售产品为先，那么很可能会遭遇更大的回款难风险；如果害怕遭遇风险，又会阻碍产品推销工作的顺利开展。

这使销售人员面临十分被动的局面，销售人员都有过这样的经验：老客户

货款还没有付清，新客户又提出延期付款，对此，往往会感到进退两难。

2. 对企业资金周转的限制

企业生产、设计、销售产品以及各项服务等活动都必须持续不断地投入成本，而且随着企业各项经营活动的继续展开，各项成本的支付还会不断增加，这就要求有源源不断的回款支持。

回款困难很大程度上会给企业带来资金周转上的问题，甚至会影响企业各项经营活动的正常开展。众所周知，企业资金链很大程度上依赖于产品的收入，而产品推销出去之后无法及时收回货款，势必会造成资金周转缓慢，从而造成企业经营风险。

小 贴 士

销售是由销售与回款共同构成的，二者缺一不可，只有推销没有回款交易将无法完成。为此，销售人员必须深刻地意识到，回款不利对自己、对企业可能造成的损失，而且在推销中要坚决执行回款至上的原则。

6.3.2 加强自身的回款意识

能否顺利回款，关键在于客户是否积极有效的配合，尽管不少客户暂时有困难，资金不够充裕，但我认为，绝大部分原因还是社会道德、信用日趋恶化，一些企业不以欠款、赖账为耻，反以为荣。

某些企业，某些终端用户，信誉度不高，但为了迅速扩张，在大量欠银行贷款的同时，还无休止地拖欠商贸的货款，使得贸易商的包袱越拖越重。

案例

王江宁是一家建筑贸易公司的副总经理，主要负责钢材销售业务。2012年年初，有一家建筑公司购买了近3000吨钢材，可是时至今日，合同已经到期，对方只支付了50%的货款。王江宁几次想采用法律程序索要货款，但又害怕失去这样的大客户，只好忍气吞声，前前后后赔着笑脸要了10多次账，对方每次都有理由巧妙回绝，毫无效果。

第一次理由是公司资金周转不开；第二次理由则是财务正在对账；第三次则以客户反映质量有问题为借口。

"其实这样的客户绝对是有钱的，只是没有安排支付我们公司的款项而已。这种公司通常每月都会有付款计划，只不过把资金付给别的企业了。"

"其实就是故意找借口拖欠，我有一次追讨一笔50万元的欠款，对方公司说原来的采购人员已经不在了，必须重新对账才行，就这样一直拖了将近一年。"

"我在钢厂工作快6年了，第一次碰到这种情况。而且我们提出如何改进，对方又说不出正确的理由。这一批钢材卖出去，一分钱都没赚到。"

上述钢厂中层如是说。

此外，还有一些理由令企业无法顺利拿到欠款。就像踢皮球，催款人员在对方采购、财务、销售中被踢来踢去；还有从银行方面着手，故意开错支票等方法；上游的原材料供应商拿货以高价抵债，令企业收不回资金。

当客户不能或不想支付货款时就会找各种理由来推托。其中产品确实存在问题、客户临时资金周转不灵等属于正常现象。然而，更多客户只是主观地制造各种不实理由，蓄意拖欠付款，这是"恶意拖欠"。

这就提醒我们，在回款问题上不要被客户的花言巧语所蒙蔽，而是要树立起尽快回款的观念，强化自己的回款意识。当产品成功推销出去时，就必须及时收回货款，否则，随着时间的延长回收的概率会大大降低。

下页图中显示的是拖欠时间与回收账款成功的函数关系，表明时间越长，欠款追收的成功率越低，长达一年的，追回的概率不到5%。因此，如果你不抓紧时间催收账款，那些缺乏诚信的人总是无限制地拖欠，在时间上与你打消耗战，甚至有的人计划通过拖欠玩赖账。

销售人员回收账款的态度会助长欠款者的拖欠心理。所以，每个销售员需要不断加强自身的回款意识，培养催款习惯。

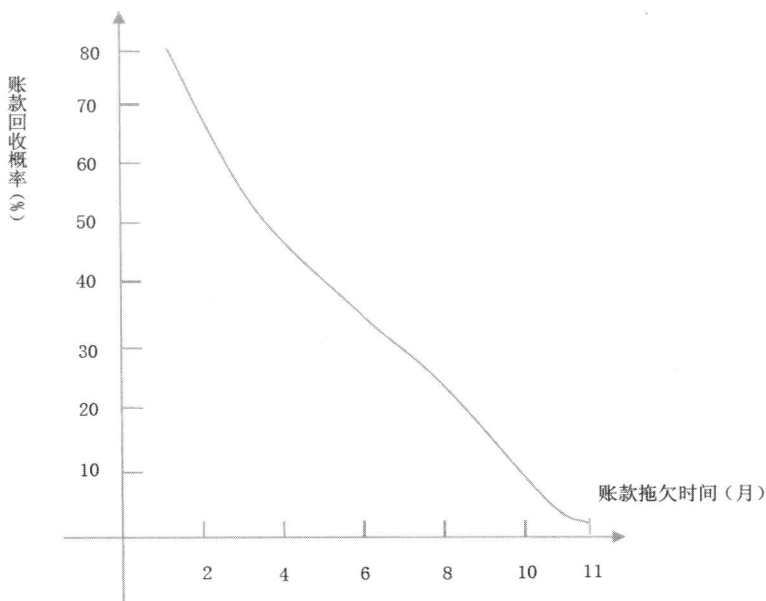

账款回收概率（%）

80
70
60
50
40
30
20
10

账款拖欠时间（月）

2   4   6   8   10   11

在具体工作过程中，可从以下 4 个方面做起：

①在努力完成销售任务的同时谨慎把关，尽可能当场收到货款，减少拖欠货款的可能性。

②一旦有拖欠货款形成，销售人员要意识到这些账款可能带来的种种风险。随时告诫自己尽快收回。

③养成良好的回款习惯，不要因为自己的拖延、耽误和懒惰造成账款回收的失败。

④制订科学的回款计划，并且督促自己严格按照既定的回款计划行事。

销售，起点是找客户，终点是收货款，只有把货款收回才算圆满完成整个流程的工作。所以，收回货款也在业务范围之内，每个销售人员都要从内心树立起正确的回款观念。

小　贴　士

打铁还须自身硬。回收账款是一项非常困难的工作，销售人员不能消极等待，指望客户主动回款，必须积极行动起来，从自身做起，一方面加强回款意识，另一方面采取有效的措施，彻底打消客户赖账的想法。

6.3.3　回收货款的技巧

随着时代的变迁，一手交钱一手交货的年代早已一去不复返，取而代之的是先用后付款。面对竞争力如此被动的市场规则，销售人员除了每天想着如何将产品卖出去，还绞尽脑汁思考如何将货款收回。但回款工作往往会因为客户的恶意拖延陷入困境，当遇到这样的客户时，销售人员就需要采取必要的技巧了。

对那些恶意拖欠的"老赖"，用常规的方法一般不会起到实质性作用。所以，对付"老赖"客户，不妨来点"狠"的。下面结合古代兵法总结出的 5 种常用催款方法，对付"老赖"非常有效。

1. 反客为主法

在兵法上，反客为主解释为："乘隙插足，扼其主机，渐之进也。"意思是说，主人不会招待客人，反而被客人招待。催款时销售人员同样可以采用这种方法，即当对方不欢迎你的时候，想办法控制或操纵对方，掌握主动权，以此来施加压力，顺利得到欠款。

此法要点在于掌握催款的主动权，通过各种方式搜集客户违约的证据，或与客户签订还款协议，迫使其执行。

2. 远交近攻法

"远交近攻"是古代战争中的一种策略，指的是结交离得远的国家而进攻邻近的国家。催款也可这样，先从与自己业务往来较少、关系较生疏的客户入手，催促其还款，然后以此带动那些与自己业务来往较多、关系较好的客户。这是一种间接的带动，若能将之灵活巧妙地用于催款工作中，能大大节约催款精力。

这种方法的要点在于，积极搜集情报，拥有完备有效的途径，万万不可待欠款人多方求证时出现纰漏。

3. 苦肉计法

"人不自害，受害必真"，苦肉计的核心思想，是指通过假设对方内部有矛盾，并以自我伤害的方式打入敌人的内部，骗取敌人的信任。在催款中，应用此法收效显著，能最大限度地蒙骗对方，隐瞒真相。此法利用的是人们普遍存在的"人不自害，受害必真"的惯常心理，作出必要的自我牺牲，达到迫使债务人信以为真的效果。

不过，苦肉计也是一种非常冒险的行为，如果没有坚韧的品性，高超的演技则不可为。否则一旦暴露，全盘皆输，不但拿不到欠债，反倒被对手反攻。使用这种方法要选取最佳切入点，同时以不破坏与客户的合作关系为前提。

4. 围而聚歼法

围而聚歼是指先把敌人围困在一起，然后歼灭之。聚集起来围住可确保无漏网之鱼。讨债中不妨采用此法，即将欠债人聚集在一起，死缠住对方，不要和这些债务人讲感情，此刻让他们还钱才是最关键的。就算对方很为难，或有苦衷，也不要轻易松手，强调给钱才是重要的。

最有效的方法是召开会议清欠债务，借召开清欠债务会议之机提出还款要求。但不要把"清欠会议"当作"讨伐""战场"。否则，对方已经"失衡"的心态可能转变为"抵触"或"敌对"的情绪，这将减弱讨债的进一步进行。

5. 一箭双雕法

一箭双雕催款法适用于因第三方欠款而实在无力偿还的客户，在大力帮助客户追回欠款的同时达到自己的收款目的。这种方法非一般人所能，要求销售人员胸怀宽广，高瞻远瞩，甘愿替客户索要债务。

此法最难之处在于，如何既能收回债款，又加强了业务合作关系。这必须注意本法实施的一个前提，即与客户有充分合作。因此，在实施本法前销售人员必须讲究策略、注意分寸以及把握"火候"。讨债"过火",反而会使矛盾激化,将不利于货款回收。

小贴士

  很多销售人员被指标压着,只好先努力将货物卖出,然后再考虑回款的问题。结果,往往是船到桥头却不直,货款越欠越多。这样,销售人员就成了收款员,整天忙着催款,根本没有时间做市场。销售人员要跳出这种思维模式,在将货物卖出的同时,根据具体情况适时考虑回款方式,尽早收回货款。

6.3.4 用法律收回货款

  法律是保护自身利益的最大保障,通过法律手段收回欠款是最安全、最有效的一种手段,应该成为销售人员的武器。当好说歹说都不起作用时,那么只有利用法律来解决了。

  通常来讲,法律手段有诉讼和仲裁两种形式。

1. 诉讼

  债务纠纷发生后,向法院提起诉讼是最直接、最有效的一种方式,是解决应收款争端的最得力措施。较之于其他收账手段,具有法律性、强制性的特点。因此,当你觉察到对方有拖欠货款的企图,或已经造成了拖欠事实,就应坚决走法律程序。

  采用诉讼方式催款销售人员(或所在单位)需要以债权人的名义先向法院提出诉讼请求,提供对方欠款的事实和证据,法院根据诉讼程序和有关法律规定开庭审理,最终做出具有法律强制执行的判决。

  诉讼时效一般分为普通诉讼时效、短期诉讼时效和最长诉讼时效 3 类。

谈判是一场战争：唯有努力拼才能取得胜利

```
                    ┌─────────────┐
                    │  诉讼时效类型  │
                    └──────┬──────┘
         ┌─────────────────┼─────────────────┐
         ▼                 ▼                 ▼
   ┌───────────┐     ┌───────────┐     ┌───────────┐
   │ 普通诉讼时效 │     │ 短期诉讼时效 │     │ 最长诉讼时效 │
   └───────────┘     └───────────┘     └───────────┘
```

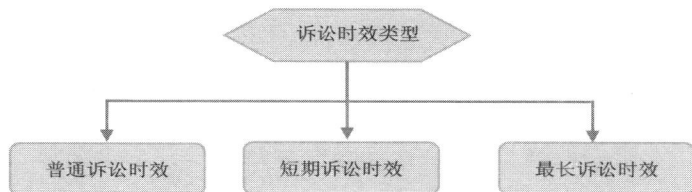

（1）普通诉讼时效

普通诉讼时效又称"一般诉讼时效"，是指由民事普通法规定的，适用于法律无特殊规定的各种民事法律关系的诉讼时效。根据《民法通则》的规定，普通诉讼时效期间为 2 年。

> ☞ 大多数商业活动的欠款诉讼时效为普通诉讼时效，期限为2年。从应该还款日起，如果债权人未采取任何措施主张债权，过了 2 年就过了诉讼时效，即使再起诉到法院，法院也会因为时效过了不会判决其胜诉。

（2）短期诉讼时效

短期诉讼时效为 1 年，但通常只适合以下 4 种情形。

①身体受到伤害要求赔偿的；

②出售质量不合格的商品未声明的；

③延付或者拒付租金的；

④寄存财物被丢失或者损毁的。

（3）最长诉讼时效

最长诉讼时效期间与一般和短期诉讼时效期间不同，该期间是从权利被侵害时起计算，即适用于"不知道或不应当知道"其权利被侵害的"特殊主体"。例如，《民法通则》第一百三十七条规定，从权利被侵害之日起超过 20 年的，人民法院不予保护。有特殊情况的，人民法院可以延长诉讼时效期间。

值得注意的是，在对欠款客户提起诉讼之前一定要具备以下条件，否则法院可能会拒绝受理。具体条件如下图所示。

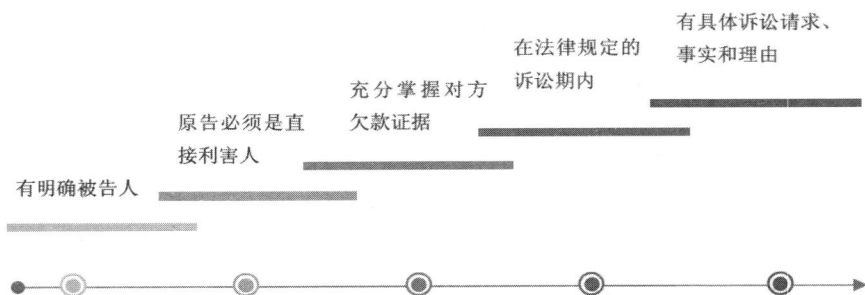

有具体诉讼请求、事实和理由

在法律规定的诉讼期内

充分掌握对方欠款证据

原告必须是直接利害人

有明确被告人

2. 仲裁

仲裁，是解决经济纠纷的重要手段，尤其适用于一些小额欠款，由于付诸法律的程序复杂，周期较长，成本过高，因此，委托仲裁机构仲裁成为除诉讼之外另一种常用的追款方式。

所谓仲裁，是指债权、债务双方根据债务纠纷发生前（债务纠纷发生后）所达成的书面协议，共同向当地仲裁委员会提出书面申请，自愿将争议交给其处理。仲裁机构根据授权，负责审理，并做出对双方均有利的裁决。劳动争议申请仲裁书模板如下页表所示。

值得一提的是，仲裁机构是非司法机构，仲裁机构不具有诉讼属性。仲裁协议也是以双方当事人自愿约定为基础的，如果债权债务双方无法达成协议，仲裁结构无效。

小 贴 士

法律，是追缴欠款的撒手锏，由于其具有严肃性、强制性的特点，一般不提倡常用。俗话说，有法无情，一旦对垒法庭双方势必永失合作的可能性。而做生意讲究和气生财，当你的客户都变成敌人之后，生意也就没法做了。因此，能和平解决的最好不要采用此法。

劳动争议调解申请书

申请人：_____

性别：_____

年龄：_____

工作单位：_____

住址：_____

（单位应写明全称、地址、法定代表人或负责人姓名和职务）

被申请人：_____

性别：_____

年龄：_____

工作单位：_____

住址：_____

（单位应写明全称、地址、法定代表人或负责人姓名和职务）

申请人与被申请人因 _____ 纠纷，现申请人申请劳动调解委员

会进行调解，申请调解的事实、理由和请求如下：

一、事实和理由

_____

二、调解请求

_____

此致

_____ 调解委员会

申请人：_____

____ 年 ____ 月 ____ 日

6.3.5　及时发现客户拖欠款项的信号

导致回收货款难的重要原因是，客户主观意识上并不想还款，但是我们不能把全部责任推向客户。当货款迟迟追缴不回来，甚至最后连客户影子都找不到的时候，是否应该反思一下，自己的工作做得是否到位。换一个角度看，如果销售员及时发现客户有拖欠的苗头，并采取有效措施去制止，则可以大大减少这些

事情发生的可能性。

然而，很多销售人员就失败在这个环节，盲目地信任客户，放纵客户，爽快地将货发给客户，结果呢？一旦发货就失去了主动权，再去索要货款对方就处处刁难。

在平时的来往中，如果你能够及时发现客户的不良征兆，就可以将拖欠货款导致的一系列风险消灭在萌牙状态，至少我们可以针对某不良征兆提前采取积极的应对措施。所以，作为一名优秀的销售人员，交易达成前后，要提高警惕，经常观察客户的经营状况，及时察觉其异动。如果客户出现异常变化，就预示着很有可能拖欠债款。

通常来讲，这些危险信号包括如下表所列的几项。

1	突然减少进货量
2	开始处理库存
3	多次拖延付款，屡次超出最后期限
4	客户公司的声誉出现问题，受到其他公司或者消费者的法律诉讼
5	讨债的人增多，而且老板避而不见
6	客户公司员工辞职者增多，尤其是管理层变动频繁
7	客户办公地点经常发生变化，或者有迁址的迹象
8	突然被工商、银行等机构或部门深入调查
9	下层客户赊销过多，贷款回收困难
10	公司资金流动不明，有其他不明确赢利的投资（投机），比如股票、期货等
11	过于频繁地转换银行，与哪家银行的合作时间都不长
12	客户公司自身面临的应收账款过多，资金回笼困难

一旦发现这些苗头，你就要警惕，但是由于不确定对方拖欠货款的原因，因此不能直接与对方断绝业务往来，这时应积极采取措施做好预防工作，尽可能拿回物品以减少损失。那么，这些预防措施包括哪些呢？

1. 提前催收

对于经常逾期不付款的客户，就需要事前催收，上门确认欠款金额、日期等，意在给对方施加压力。如果距离远可事先通过电话催收，或发送催款函。

2. 随时观察客户的动向

包括对方企业的经营状况，资金链上的债务债权，产品的业务往来情况等。

3. 找第三者进行担保

在与对方发生货款往来之前，可以寻找一个可靠的第三者（或上级单位，或双方都比较熟悉的人）来担保，最好签订一份担保书，这样做避免在未来发生纠纷时还能找到相关债权人。

4. 临时改变交易规则

有些老客户一开口就要大量进货，很多销售人员碍于情面满口应承，不问价格，不提任何附加条件，这样风险最大。对没有把握的客户，即使对方是老客户，在这种情况下也不能使用原来的规则。你可以单方面修改交易规则，比如，交易金额，结算周期，付款日期、付款期限、付款条件等。

5. 不轻易答应附加条件

有的客户在无力支付货款的情况下，会主动提出修改交易计划，这时销售人员千万不可答应，尤其是超出自己权限的条件。否则，在发生纠纷后将会难以控制，使你陷入进退两难的境地。比如，客户要求降低预付款，延长还款日期等。对方一旦提出这些条件，销售员要谨慎处理。

小 贴 士

天下没有不透风的墙，客户如果有故意拖欠货款的预谋，必然会在日常言行中露出马脚。销售人员应该密切注意这些动向，一旦发现有危险信号，就要马上果断地采取积极的应对措施，或者直接向上级汇报，并且尽可能地降低应收账款的回收风险。

6.3.6　预防重于治疗

追讨债款，最根本的目的是不让欠款事件发生。所以，无论与客户直接交涉，请中间机构调解，还是撕破脸面，走上法庭打官司，这些方法都是治标不治本。即使把货款要回来，也算不得一个完美的结局，因为这很可能预示着你失去了一个大客户。最好的方法是重视预防，在自己与客户之间建立一个相对完善的信用体系，就像医生看病时常说预防要比治疗重要。

很多债务由于长期拖欠变成死账，这都是因为在发现拖欠早期没能够采取合适的措施，给对方以可乘之机。所以，销售人员要注重长远发展，在做业务的同时，向客户灌输诚信的理念，一方面自己要讲诚信，另一方面让客户主动结账还款。

只有确保客户有良好的信用，才可进行合作。如果只是为了销售业绩而不加选择地与任何客户合作，后面的结款工作将很难开展。对于建立自己的信用体系，销售人员应该做哪些工作呢？

1.　建立信用档案

一般来说，判断一个企业的债务能力，是根据该企业可用于偿还的资金与应偿债务金额之间的比率。

与客户合作之前，应该充分调查该客户的信用程度，并根据搜集到的资料建立客户信用档案。这份信用档案包括客户的基本资料，以往的信用记录，如果对方是企业，则要了解对方的法人代表、企业地址、联系电话，以及工商登记情况；以及以往业务往来的信用记录；对外债务情况，对债务的清偿情况。

根据这些判断客户的偿债能力、偿债意愿，若发现有恶意拖欠不良记录，应当小心行事。

当调查准客户的信用度很难时，可以根据了解的资料进行分析判断，必要时也可以委托专业调查机构对债务进行资信调查。

2.　设置考察期限

如果调查不出客户的付款信用度，可以采用信用度考察方法对客户考察一段时间。具体做法是，每次交易后，只允许客户压一点货款，等客户全部还清后再进行下一阶段的交易。如果客户在这段时期内还款及时，那可以放松交易条件，试着长期合作；如果对方对这些斤斤计较，就可以了解客户在对待货款上的态度，可谨慎行事，也可终止合作。

有了这个考察期，客户即使拖欠货款也不至于给企业造成太大损失。

3. 用书面形式规定下来

在与客户进行交易之前，与付款方式、时间相关的合同条款一定要写下书面文件，尤其是一些看似无关紧要的细节，千万不可口头约定或默许。否则，纠纷一旦发生，空口无凭，追悔莫及。

不管怎么说都不可以为了人情面子，或者贪图省事草率合作，否则会成为拖欠货款的导火索。

4. 对欠款客户设定担保

我们向银行贷款，对方会要求我们有第三方担保。同样的道理，如果客户想赊销，那么他就是名副其实的债务人。我方作为债权人，有权利要求他们提供担保人，否则，不要答应对方的赊销条件。

这完全符合法律程序，不过要注意的是，在要求客户提供担保时，要识别保证的种类；适合企业间债权担保的方式有保证、抵押、定金三种；而对于特定的担保物必须向有关部门办理抵押物登记后，担保合同才能生效。

5. 对欠款客户施加压力

经验表明，大多数被拖欠的企业都具有经营管理制度松散、财务制度不严格的特点。尤其在拖欠的早期，债权方缺乏对债务人施加足够的压力，从而给对方拖欠的空间，致使一些善意拖欠转为恶意拖欠。

如果客户已经开始欠债，无论多少，都要给对方足够大的压力。债务人拖欠行为往往取决于被拖欠一方对拖欠采取什么态度，在对债务人保持足够压力的同时，很多追讨措施也容易产生作用。

小 贴 士

　　防止"老赖"最根本的方法就是加快建立信用评价机制和信息公布机制。然而，这是一个全社会亟待解决的问题。对于销售人员来讲，关键还是最大限度地利用当前的有利资源，尽可能地减少赖账行为的发生。